Knaus

K

Han Suyin

Nur durch die Kraft der Liebe

Ein autobiographischer Bericht

Deutsch von
Werner Peterich

Albrecht Knaus

Titel der Originalausgabe: «A Share of Loving»

Auf dem Schutzumschlag: Kapelle in Madras,
von portugiesischen Christen 1503 errichtet
und noch heute in Gebrauch

Schutzumschlag: Klaus Detjen, unter
Verwendung eines Photos der Autorin
Gesetzt aus Korpus Aldus
Satz: Filmsatz Schröter GmbH, München
Druck und Bindung: Mohndruck Graphische
Betriebe GmbH, Gütersloh
ISBN 3-8135-0703-3
Printed in Germany

Liebe ist nicht nur Sommer. Sie kennt auch die dunklen Nächte der Seele. Die Not heutiger Jugend liegt darin beschlossen, daß ihr niemand gesagt hat, was Liebe auch ist: Leiden, Verantwortung, Verzicht, Selbstaufgabe.

Liebe ist die Freiheit, über das eigene Ich hinaus, den Nächsten anzunehmen, für ihn dazusein.

HAN SUYIN

1. KAPITEL

ÜBER Peter zu schreiben, tut weh. Er ist zu gegenwärtig, gehört zu sehr zu meinem Leben – oder zu einem meiner Leben. Denn um ganz zu sein, muß ich mich in Teile zerlegen. Einem Baum gleich, der sich in seinem Himmelwärtsstreben immer weiter verzweigt, erschaffe ich eine Fülle von Personen und probiere auf meiner Suche nach dem, was die Welt zusammenhält, eine meiner selbstgeschaffenen Gestalten nach der anderen aus. Zu diesem Streben nach Stimmigkeit gehört auch die Beschäftigung mit Peter; deshalb kann ich ihn nicht in eine dunkle Ecke meiner Erinnerung abdrängen, dieses Labyrinths, in dem sich alle Leidenschaft auflöst wie lebendige Farbe in der Nacht der Resignation.

Peter bereichert mich und mein Leben mit seinem Vater – meinem Mann Vincent; er hat uns neue Horizonte eröffnet. Gleichzeitig engt er uns selbstverständlich ein und zerrt an uns mit jener Besessenheit, die für den Zustand, in dem er sich jetzt befindet, ganz natürlich ist. Er ist Segen und Sorge zugleich, Himmel und Heimsuchung in einem – manchmal könnte ich ihn schlagen. Ein krankes Kind schlagen, einen Jungen von zweiundvierzig Jahren? Sein Vater behauptet, sein Zustand habe sich sehr gebessert – und glaubt an Wunder. Eines Tages, ganz plötzlich, werde Peter wieder «der alte» sein, würden Liebe und Geduld ihn wieder zu dem Peter machen, den wir kannten – oder zu kennen glaubten. Ich zähle die Monate, die Jahre. Manchmal glaube auch ich, daß liebevolle Pflege jenes Grundmuster zertrümmern wird, das für mich heute gleichbedeutend ist mit Peter. Denn völlig erstarrt und unbeweglich ist sein Geist nicht; er geht andere Wege, ist bemüht, Ordnung in sein Tun zu bringen. Aber immer ist es *seine* Ordnung, sind es *seine* Wege, nicht unsere. Es ist bezeichnend für sein Leiden, daß er offenbar Verhaltensweisen ausformt, die alles blockieren, was man als «nützliches» Tun bezeichnet, und eine gewisse Ungereimtheit des Verhaltens stärkt, die wir heute manchmal mit «Peter» gleichsetzen, weil uns einfach nichts anderes übrigbleibt.

«Tu *irgend*was, hilf mir die Blumen gießen, Peter!»

«Ich will nicht, ich will nicht.»

Die Hände ruckhaft bewegend, geht er weg, weigert sich, irgend etwas zu tun, das nach «Arbeit» aussieht und der Hoheit und dem Besonderen Abbruch tun könnte, das die Krankheit ihm verliehen hat. In meinen Augen nimmt sich das aus wie eine bewußte Weigerung, und das ärgert mich. Nicht so seinen Vater.

«Er wird sich schon wieder fangen. Laß ihm nur Zeit!»

Zeit. Zeit ist genau das, wovon ich so wenig habe!

Peters Verhalten wirkt mutwillig, als wollte er einem mit Bedacht einen Streich spielen, denn manchmal kann er sogar ungewöhnlich klar denken. Er stürzt sich auf Erinnerungen, insbesondere unangenehme, gräbt sie mühselig aus großen Tiefen aus. Uns alle, die wir ihn lieben, konfrontiert er mit Einzelheiten aus unserem Leben, verborgenen Dingen, die wir abtun oder verdrängt haben, mit denen wir nichts mehr zu tun haben wollen. «Er nimmt andere nun mal gern auf den Arm», sagt man mir. Hat er es geschafft, jemanden wütend zu machen oder merkt er, daß jemand sich vor Verlegenheit windet, ist er glücklich und kreischt vor Vergnügen, stampft mit dem Fuß auf und vollführt verkrampft-ruckhafte Bewegungen mit der rechten Hand.

Vielleicht ist das, was uns widerfährt, wirklich Schicksal oder Karma. Wer an das Karma glaubt, dem wird das Unerträgliche erträglich. So gibt es auch bei mir ein ganz bestimmtes, entscheidendes Vorkommnis, mit dem ich mir selbst klarmache, daß das, was mit Peter geschehen ist, sich bei ihm auf ein Kindheitserlebnis zurückführen läßt.

Es war ein warmer Novemberabend in Bangalur, jener schönen südindischen Stadt, neunhundert Meter über dem Meeresspiegel, wo der Sommer nicht glutheiß und der Winter mild ist und wo die Rosen das ganze Jahr über blühen. Peter hält sich in dem Haus auf, in dem er seine Kindheit verbracht hat, dem Haus, das Vincent zu einem schönen und behaglichen Heim umgebaut hat. Ich war gekommen, um vierzehn Tage mit meinem Mann zusammenzusein, der so viele Monate fern von mir gewesen war, und um mich um Peter zu kümmern. Peters Bruder Michael und seine Frau Anne lebten ständig in diesem Haus, das Vincent auf Michael überschrieben hatte; die beiden hatten helfen wollen und Peters Pflege übernommen.

Wir saßen in der Dämmerung auf der gefliesten Veranda; aus dem Garten unten, wo Peter mit großen Schritten zwischen den Beeten auf und ab ging, stieg betäubender Rosenduft hoch. Die Arme angewinkelt, die Hände fest verschränkt, tigerte Peter stundenlang auf und ab, denn er hatte gerade eine seiner aktiven Phasen, die sich mit Tagen abwechselten, in denen er antriebslos vor sich hindämmerte. Anne knipste das elektrische Licht an und eilte raschelnd in ihrem eleganten Batist-Sari hin und her. Anne unterrichtete in einer Schule für geistig zurückgebliebene Kinder und nahm die Aufgabe, Peter zu pflegen, sehr ernst. Neben dem Koch und dem Hausmädchen war eine Wäscherin eingestellt worden, die sich um Peters Kleider zu kümmern hatte; außerdem kam tagsüber noch ein Mittelding zwischen Diener und Leibwächter, jemand, der aufpaßte, daß Peter nicht das Haus verließ und der ihn gegebenenfalls wieder zurückbrachte.

Anne kam mit drei Photoalben beladen aus dem Haus gehuscht. «Schau dir die mal an», sagte sie mit ihrer hohen, klaren Stimme und artikulierte jedes Wort mit jenem Silbenstakkato, das für die Anglo-Inder so charakteristisch ist.

Die Alben mit den glänzenden Plastikeinbänden klappten auf. Photos von Vincents drei Kindern: Michael, Peter und Patricia. Photos von Babys im Kinderwagen und Kleinkindern auf wackligen Beinen bis zu den Schulkindern: Shorts und Zöpfe bei Patricia und Kricket-Schläger bei den Jungen. Vincent tauchte auf diesen Bildern nirgends auf. «Als die Kinder heranwuchsen, war ich nicht da», erklärte er lächelnd. Er war damals fort und baute im indischen Teil des Himalaya Straßen. Hinterher war er dann bei mir und kehrte jedes Jahr nur ein- oder zweimal nach Indien zurück. Dafür war Caro, seine Frau, auf den Bildern zu sehen. Eine adrette, sehr gut angezogene Frau mit tadelloser Frisur (sie ging wöchentlich einmal zum Friseur), die Kinder um sie herum Muster an Sauberkeit und Wohlerzogenheit.

Zwei Seiten voll mit Photos von Peter. Peter als Little Lord Fauntleroy mit schneeweißem Spitzenkrägelchen und langen Ringellocken. Peter, der aus dieser Lockenpracht hervorlugt, ein sechs Jahre alter Fauntleroy, der sich größte Mühe gibt, nicht loszuheulen . . .

«So hat Mum ihn rausgeputzt. Die Jungs haben sich alle über ihn lustig gemacht», sagte Michael. Michael hat mir erzählt, sein kleiner Bruder Peter sei der Liebling von Mum gewesen und Patricia der von Daddy. «Ja, Daddy hat sogar gesagt, so jemand wie sie würde er gern heiraten . . . und das hat Mum verletzt», sagte Michael. Für Michael blieb nichts; zumindest glaubt er das. Vielleicht hätschelt er das Gefühl, ungeliebt zu sein, um sein eigenes Leben zu erklären.

«Peter hat immer und überall den Vogel abgeschossen . . .», sagte Michael. Peter als Little Lord Fauntleroy: gut, vollkommen fehlerlos, und es war einfach schrecklich, die Qual auf dem Gesicht des kleinen Sechsjährigen zu sehen. Anne lachte und rief laut:

«Komm, Peter, komm und schau dir mal diese Bilder von dir an . . .»

«Ich will nicht, ich will nicht.»

»Weißt du«, sagt Peter viele Jahre später zu mir, »ich glaube, das ist der Grund, warum . . . warum passiert ist, was mir passiert ist. Weil sie versucht haben, aus mir etwas zu machen, das ich gar nicht war . . . Daran liegt das . . .»

«Aber nicht doch – bestimmt nicht, Peter», erwidere ich.

Peter geht im Garten auf und ab. Sobald jemand jenem Teil seines Selbst, über den er nicht nachzudenken bereit ist, zu nahe kommt, dreht er sich um und tigert auf und ab. Peter war der Makellose, der brave Junge mit Ringellocken und schneeweißem Kragen, der nie etwas Böses tat, und vielleicht ist das der Grund, warum er, als er so krank wurde, die eigene Krankheit einfach nicht wahrhaben wollte, bis er zusammenbrach ... So jedenfalls sehe ich es tief in meinem Inneren. Ich sage das zu Vincent, und der erklärt: «Saug dir doch nichts aus den Fingern!« Was nützen Erklärungen, Versuche, den Dingen auf den Grund zu gehen und die Ursachen herauszufinden? Vincent lächelt, und sein Lächeln besagt: Du versuchst, mir meinen Sohn zu erklären. Ich dagegen habe ihn nur einfach weiter lieb und glaube an ihn.

«So, junger Mann, es ist Zeit für deine Übungen», ruft Vincent seinem Sohn zu, jenem Sohn, den er aus dem Koma herausgeholt hat, indem er ihn tagelang, ja wochenlang viele Stunden hindurch anrief, bis eines Tages völlig unvermittelt die Antwort kam:

«Ja, Daddy.»

«Ja, Daddy», sagt Peter und hört auf, auf und ab zu tigern. Er gehorcht Vincent, nennt ihn «Daddy». Er, der 1985 zweiundvierzig Jahre alt geworden ist. Er kehrt zurück in die Kindheit und ist vollkommen glücklich mit Daddy.

Ich habe im Basar Hanteln für Peter gekauft und lasse ihn gymnastische Übungen mit dem Arm machen, damit seine Fäuste sich entkrampfen und er die Arme bewegt. Später werde ich ihm Kugeln aus Jade oder Stahl bringen, wie die Chinesen sie zwischen den Handflächen rollen, damit sie keine Arthritis in den Fingergelenken bekommen. Ich meine, das kann Peters Händen nur gut tun. Ich gebe zu bedenken, ob Peter nicht zu viele Medikamente nimmt. Irgendwo habe ich Berichte darüber gelesen, daß ein bestimmtes Medikament, mit dem Schizophrene behandelt wurden, Nebenwirkungen zeitigte und die Patienten zum

Beispiel dazu brachte, die Hände ständig über dem Kopf zu halten.

Nachts befreit Vincent Peter immer wieder aus der verkrampften Embryohaltung, die Peter dann einnimmt; er streicht mit seinen Händen über die Muskeln seines Sohnes und bringt sie auf diese Weise dazu, zu entspannen, schickt mit Hilfe dieser liebevollen Berührung Signale an das Gehirn, sich gehen zu lassen, sich einfach gehen zu lassen. Woraufhin Peter sich ein wenig streckt, aufhört so verkrampft zu sein, und sagt: «Ich schlafe, Daddy.»

Denn folgenden Entschluß faßten wir 1977, als das Böse Peter anfiel: ihn auf keinen Fall in ein Heim zu geben, sondern ihn selbst zu pflegen. Wobei «selbst» natürlich die Familie bedeutet, Vincents indische Familie, die sich abwechseln wollte, Peters Pflege zu übernehmen.

«In einem Heim würde er eingehen. Er braucht die Familie», sagt Vincent.

Zur Familie gehöre auch ich, selbst wenn ich nicht meinen fest umrissenen Anteil an der täglichen Pflege übernommen habe, wie Vincent das für mehrere Monate im Jahr auf sich genommen hat. Doch auch ich trage mein Teil dazu bei. Darüber freilich wird nicht gesprochen. Keiner fängt an, Buch darüber zu führen, was Peter gegeben wird, was ihm – auf diese oder jene Weise – tagtäglich gegeben wird.

Manchmal wehre ich mich dagegen, wie das Ganze gehandhabt wird, fühle mich frustriert. Denn er raubt mir Vincent, raubt mir Zeit, die ich mit Vincent zusammen sein könnte, nimmt mir, nimmt *uns*, dem Paar, das wir sind, so viel.

Aber da ist die Familie. Und auch ich gehöre zur

Familie. Ich muß mich mit dieser anderen Dimension, dieser anderen Welt, die sich um Peter dreht, abfinden. Ich oder zumindest jener Teil von mir, der Vincent liebt, muß Peter akzeptieren, so wie die Familie mich akzeptiert hat.

2. KAPITEL

VINCENT und ich haben uns 1956 kennen und lieben gelernt. Es war eine leidenschaftliche Liebe, bei der die Leidenschaft jedoch nicht die größte Rolle spielte. Nie quälten uns Zweifel oder Unsicherheiten, obwohl damals alles gegen uns zu stehen schien. Schwierigkeiten, die wir überwinden mußten, meisterten wir mit einem Maß an Sorglosigkeit und Geduld, das mir heute recht ungewöhnlich vorkommt. Wir harrten aus und warteten aufeinander, als ob Raum und Zeit und Mangel an Gelegenheit, unsere Beziehung zu pflegen, keine Rolle spielten. Wichtig war einzig die Gewißheit der Liebe, die wir füreinander empfanden und an der wir nie zweifelten.

Vincent arbeitete als Ingenieur in Indien, ich in einer Klinik in Malaysia. Nachdem wir uns im März 1956 eine Woche lang täglich gesehen und ineinander verliebt hatten, ging ich für zwei Monate nach China und überließ meine Klinik einer Vertretung. Ich zweifelte keinen Augenblick daran, daß er da sein und auf mich warten würde, wenn ich nach Indien zurückkehrte, und genauso war es. Im Spätherbst waren wir wieder für eine Woche vereint. Er wußte, wie wichtig es für mich gewesen war, nach China zurückzukehren, wo ich seit der Revolution des Jahres 1949 nicht mehr gewesen war.

Im Laufe der nächsten vier Jahre reiste ich jedes Jahr für eine Woche oder vierzehn Tage nach Indien. Ich leitete nach wie vor meine Klinik in Malaysia, besuchte weiterhin jedes Jahr einmal China und unternahm meiner Bücher wegen kurze Reisen nach Europa und einmal eine in die Vereinigten Staaten. Wahrhaftig, ein erfülltes, arbeitsreiches Leben. Man forderte mich auf, an Seminaren und internationalen Konferenzen teilzunehmen und brachte mir Achtung und Mißtrauen zugleich entgegen: Es schien damals unglaublich, daß ich nach «Rot»-China reiste und gleichzeitig im antikommunistischen Malaysia auch weiterhin wohlgelitten war. Doch schließlich stellte sich heraus, daß ich recht gehabt hatte mit meiner Weigerung, zuzulassen, daß sich mir irgendwelche Hindernisse oder «Eiserne Vorhänge» – ein besonders beliebtes Klischee in diesen unerbittlich harten Jahren – in den Weg stellten. Während dieser ganzen Zeit gab mir die Liebe zwischen Vincent und mir inneren Halt – eine Liebe, bei der die Liebenden die meiste Zeit über durch große Entfernung voneinander getrennt waren.

Endlich, Mitte 1961, sollten keine geographischen Welten mehr zwischen uns liegen. Vincent bekam eine Stellung in Singapur, und wir konnten zusammenleben – in meinem Haus in der bezaubernden kleinen Stadt Johore Bahru, gleich hinter der Dammbrücke, die Singapur mit Malaysia verbindet.

In dem Prozeß des Aufeinander-Zugehens war es eine Selbstverständlichkeit, daß ich Vincents Familie kennenlernte. Genauso, wie später Vincent nach China kam und dort meine Verwandten und Freunde, ja meine Heimat überhaupt kennenlernte. Auch ich mußte sein Land kennenlernen. Kein Mensch liebt oder heiratet ein anderes Wesen einfach so; man heiratet die Echos der Eltern, Erinnerungen an Streitereien mit Geschwistern, Bündel von Reaktionen, Gewohnheiten, Vorlieben und

Aversionen, Empfindungen und Gefühlen, die insgesamt erst denjenigen ausmachen, den wir lieben oder zu lieben meinen, den, von dem wir glauben, daß wir ihn kennen, vielleicht aber doch nicht kennen und ständig neu kennenlernen müssen.

Der erste aus Vincents Familie, den ich kennenlernte, war Appa, Vincents Vater.

Das war im Winter 1959/60 – ein Winter, der mir deshalb besonders im Gedächtnis haftengeblieben ist, weil es im Jahre 1959 zu den ersten Streitigkeiten zwischen Indien und China über den genauen Verlauf der gemeinsamen Grenze gekommen ist. Noch heute weiß ich, welche Qualen mir dieser Streit bereitete. Was unser persönliches Leben betrifft, so nahm Vincent still seinen Abschied von der Armee (er diente damals als Colonel beim *Madras Engineer Corps*) und trat eine Stellung bei einer Privatfirma an.

Ich reiste in jenem Herbst nach China, kehrte für kurze Zeit nach Malaysia zurück (meine Patienten waren nicht immer mit meinen Vertretungen und Mitarbeitern in der Klinik zufrieden) und flog im Dezember 1959 nach Indien, um Premierminister Nehru zu besuchen. In Peking hatte ich mit Premierminister Tschou En-lai gesprochen und plötzlich von mir aus den Entschluß gefaßt, mit Nehru über das Grenzproblem zu reden, das soviel Zwist verursachte. Die Situation in Tibet hatte eine Flut von antichinesischen Zeitungsartikeln ausgelöst, und die Flucht des Dalai Lama in jenem Jahr führte zu einer Fülle von Vorwürfen und Angriffen auf die chinesische Politik. Freilich ließ sich geltend machen, daß die chinesischen Truppen den Dalai Lama in den sieben Wochen, die er brauchte, um Tibet zu durchqueren und Indien zu erreichen, jederzeit hätten abfangen können – was sie jedoch nicht taten. Über all diese Dinge wollte ich mit Nehru reden.

Ich traf mich mit Jawaharlal Nehru. Vincent, der nach Delhi gekommen war, um sich dort mit mir zu treffen und mich Nehru in seinem Haus vorzustellen, hatte im Asoka-Hotel Zimmer für uns reserviert. Sowohl Vincent als auch ich hatten unsere damaligen Partner um die Scheidung gebeten, doch sollte es vier Jahre dauern, bis die meine ausgesprochen wurde – und noch einmal zehn Jahre, ehe auch Vincents Scheidung perfekt war. Sorgen machten wir uns keine. Die Freude, uns gegenseitig entdecken zu können, war so groß, daß irgendwelche Ehehindernisse nicht dagegen ankamen. Wir hatten uns gefunden. Wir hatten Raum und Zeit genug, wiewohl wir, gerade was die Zeit betraf, den vergehenden Monaten immer nur ein paar Tage abringen konnten; aber wir glaubten rückhaltlos an die Macht der Liebe.

«Appa möchte, daß du zum Lunch kommst», sagte Vincent.

«Dein Vater? Warum? Macht er sich Sorgen unseretwegen?»

«Nein, er hat nur gesagt: ‹Bitte sie zu uns, falls sie die Zeit erübrigen kann›.» Vincents Gabe, etwas kurz und bündig zu beantworten, ist erstaunlich in einem Land, in dem man gern geschwätzig ist.

Am nächsten Tag flogen wir von Delhi nach Madras, um mit Appa zu essen.

Das Haus lag an der San Thome Road, die heute in dem Madraser Vorort Mylapur liegt. Mylapur ist sehr alt und sehr berühmt. Es ist der Geburtsort des tamilischen Dichters und Heiligen (der Hindu-Religion, versteht sich) Tiruvallurvar, der im 6. Jahrhundert die tamilischen Spruchweisheiten des *Tirukkural* («Die heiligen Kurzzeiler») in Versform verfaßte. Heute ist Mylapur einer der schönsten Vororte der weithin sich ausbreitenden Millionenstadt Madras. Soweit die Stadt sich erstreckt, dehnt sich auch der Strand, die berühmte, rund acht Kilometer lange, aus weiß-goldenem Sand bestehende *Madras-Beach* mit den mächtigen Meereswellen, auf denen sich die Fischerboote mit dem charakteristisch hohen Bug wiegen: die wie eine Mondsichel geschnittenen, schwarz bis tiefbraunen *masulas* und die Katamarane, höchst ungewöhnliche, aus zwei miteinander verbundenen Balken oder Schwimmkörpern bestehende Fahrzeuge, die hundertfünfzig Meter lange Netze hinter sich herziehen. Die *Madras Beach* ist der zweitlängste Strand der Welt. Er ist einen viertel Kilometer breit, das Wasser gilt als haifischverseucht und der Sog beim Zurücklaufen der Wellen als so lebensgefährlich, daß hier kaum jemand schwimmt, höchstens mal ein paar tollkühne junge Amerikaner, wie ich sie einmal triefend aus der Brandung herauskommen sah. Morgens und abends jedoch machen Tausende von Menschen gemächlich ihren Strandspaziergang und genießen das Umschlagen des Windes.

Mylapur ist aber auch berühmt, weil es als der Ort gilt, wo der Apostel Thomas den Märtyrertod fand. Der heilige Thomas erreichte im Jahre 52 nach Christus Südindien, wanderte von Ort zu Ort, predigte und gewann die Menschen fürs Christentum. Auf einem kleinen Hügel, der heute St.-Thomas-Berg heißt, wurde er im Jahre 68 nach Christus von Speeren durchbohrt (anderen Legenden zufolge wurde er enthauptet). Jahrhunderte hindurch stand eine Kirche auf dem Berg und diente Seefahrern als Landmarke. Die durch den heiligen Thomas zum Christentum Bekehrten klammerten sich weiterhin an ihren Glauben: Seit nunmehr fast zweitausend Jahren gibt es diese Nazarener oder Nazaräer.

Anfang des 16. Jahrhunderts kamen die Portugiesen an die Malabarküste, und es heißt, daß Vasco da Gama 1502 bei seiner Landung im südindischen Kotschin auf 30000 Nazaräer gestoßen sei. Später kam es zu Wiedervereinigungsversuchen zwischen der römisch-katholischen Kirche und den Nazaräer-Gemeinden, die heute als syro-malabarische Kirche bekannt sind. Unter dem Druck der portugiesischen Gesandten des Papstes – denn jetzt ließen sich Portugiesen in diesem Gebiet nieder – wurde der römische oder lateinische Ritus in Südindien eingeführt, dem sich freilich nicht alle Nazaräer anschlossen. Nicht wenige Gemeinden von Thomas-Christen widersetzten sich bis auf den heutigen Tag und haben nach wie vor ihre eigenen Bischöfe, Priester und Kirchen. Und noch ein anderer Zweig – die syro-malankarische Kirche – führt ein eigenständiges Leben. Dies war der Hintergrund für den Indienbesuch des Papstes im Februar 1986, der zum Ziel hatte, die widerspenstigen Nazaräer mit dem Vatikan zu versöhnen.

Die Portugiesen ließen sich an einem Ort nieder, wo ein kleiner Fluß – der Kum – eine Lagune mit flachen Sandhügeln bildete, und nannten ihre Siedlung San Thome. Mylapur San Thome wurde zu einer befestigten Stadt, in der Macht und Reichtum herrschten – im großen und ganzen eine katholische Stadt mit vielen Kirchen, von denen einige bis auf den heutigen Tag in der bezaubernden portugiesischen Architektur des

16. Jahrhunderts erhalten sind. Die Befestigungsanlagen wurden im 17. Jahrhundert durch irgendein moslemisches Heer zerstört; später hielt die britische Ost-Indische Gesellschaft hier Einzug. Die Engländer vertrieben die Portugiesen und bauten weiter oben an der Küste neuerlich ein Fort, das St. George genannt wurde; gleichwohl behielten sie Mylapur und San Thome und weiteten Madras zu einer *Presidency* oder Kolonialprovinz aus, ein Riesengebiet, das einen Teil des heutigen indischen Bundesstaates Tamil Nadu sowie zweier angrenzender Staaten umfaßte. Während all dieser Eroberungen und Machtverschiebungen blieb das Gebiet um San Thome und Mylapur ein Bollwerk des Katholizismus. Später zogen auf britischen Druck hin eine Anzahl portugiesischer und katholisch-indischer Bewohner weiter nach Norden und ließen sich in Royapuram und Tondiarpet nieder.

Im Jahre 1896 wurde an der Stelle der San Thome Road, wo früher eine bereits 1606 von den Portugiesen erbaute Kirche gestanden hatte, eine große katholische Basilika errichtet. In ihrer Krypta ruhen die Gebeine des heiligen Thomas. Hier, so heißt es, soll dieser Apostel Indiens gelebt haben, von hier aus soll er täglich zum Strand hinuntergegangen sein. Der Strand ist kaum hundert Schritt von der Basilika entfernt. Der heilige Thomas pflegte den Fischern, die die gleichen Katamarane benutzten wie heute, beim Bergen ihrer Netze zuzusehen. Der Hindu-Gelehrte K. N. Subramanian schreibt in seinem Buch *The Catholic Community of India*, der heilige Thomas hätte dem (allerdings mehr als fünf Jahrhunderte später lebenden, Anm. d. Übers.) Dichter Tiruvallurvar begegnet sein können, denn das *Tirukkural* weise in mancher Hinsicht erstaunliche Ähnlichkeit mit der Bergpredigt auf.

Hier, in Mylapur, vermischen sich die Sitten und Traditionen der Hindus mit denen des Katholizismus. Es gibt ein Marienstandbild aus dem Jahre 1846. Der Marienkult hat auch unter den Hindus Verbreitung gefunden, und so begeben auch sie sich auf die Pilgerschaft zu einem nicht weit von Madras entfernten Schrein der heiligen Mutter.

In Mylapur gibt es neben den katholischen Kirchen, Schulen, Colleges und Klöstern auch muslimische Einrichtungen. Insgesamt leben nur rund zwölf Millionen Katholiken in Indien, und Appa, Vincents Vater, war der Präsident der Katholischen Vereinigung Indiens. Appas Haus stand an der San Thome Road, genau gegenüber der katholischen Kathedrale. Wie viele der Immobilien in diesem Gebiet, gehörte auch dieses Haus der Kirche.

Appas Haus war ein altmodischer Bau mit hohen Decken, der üblichen, nach vorn hinausgehenden Veranda und einem roten Ziegeldach. Wir durchquerten den kleinen, von einem Regenbaum beschatteten Vorgarten. Appa erhob sich aus dem Klubsessel, in dem er zurückgelehnt geruht hatte. Er war ziemlich klein, und da er mit dem Alter noch kleiner geworden war, fielen ihm die Umschläge seiner Hose bis auf die Füße.

«Willkommen, willkommen», sagte er und lächelte mich an. Er hatte lebhafte, leuchtende Augen, eine weiße Mähne und das bezauberndste Lächeln, das man sich vorstellen kann: unbefangen und völlig natürlich. Seine Augen musterten mich von unten bis oben, und ich spürte nicht die geringste Ablehnung. Wie konnte er als Präsident der Katholischen Vereinigung Indiens seinem ältesten Sohn verzeihen, sich mit einer unehelich Geborenen einzulassen, noch dazu mit jemandem, der den Katholizismus für sich abgelehnt hatte?

Dennoch akzeptierten wir beide einander vom ersten Augenblick an. Appa sollte meine Denkweise in all den Jahren kein einziges Mal in Frage stellen. Niemals verloren wir ein Wort über das Vergnügen, das wir beide an der Gesellschaft des anderen fanden. All dies war so, wie es sein sollte – so selbstverständlich, daß es keiner Bestätigung bedurfte.

Was seine eigenen Bedürfnisse und Reaktionen betraf, war Appa im höchsten Maße zurückhaltend. Dabei war er ein überaus eloquenter Redner, wenn er sich im *Radjah Sabah* (dem Gegenstück zum britischen Oberhaus), in dem er einen Sitz hatte, über Mißstände und Mängel der indischen Gesellschaftsstruktur ausließ. Er hielt an verschiedenen Universitäten Vorträge über Jura und Politik, aber auch über die ausgebeutete Landbevölkerung, die «niedere Kaste»; dann blitzten seine Augen, und es kamen kraftvolle, gezielte Worte in perfektem Englisch aus seinem Mund. Denn Appa war in England erzogen worden, zunächst 1907/08 am Jesus College in Oxford, dann, bis 1910, am Downing College in Cambridge. Danach schrieb er sich am Greys Inn ein und wurde 1911 als Rechtsanwalt zugelassen. Doch bei seiner Rückkehr nach Indien praktizierte er nicht als Rechtsanwalt, sondern wandte sich der Lehre zu. Das war zwar weit weniger einträglich als der Anwaltsberuf, aber er war nun mal besessen von der Vorstellung, daß nichts wichtiger sei als Bildung und Erziehung, und so widmete er sich über fünfzig Jahre lang dieser Aufgabe.

Appa wurde mit Ehren überhäuft. Er wurde Präsident des Madraser Gesetzgebenden Rates und Vizekanzler der Annamalai-Universität. Er sprach Englisch und Französisch und konnte Deutsch, Spanisch und Hindi. Seine Muttersprache, Tamil, sprach er zwar, doch Tamil lesen und schreiben lernte er erst, nachdem er aus England zurückgekehrt war. Genauso wie Nehru und viele gebildete Inder seiner Generation hatte er eine vornehmlich englische Erziehung genossen.

Appa stand im Ruf, ein Kämpfer zu sein, und auf dem Podium und in der Politik war er das auch. Zu Hause jedoch war er die Ruhe selbst. Er strahlte merklich Stille aus und war von einer Aura umgeben, die so etwas wie Lärm gar nicht zuließ. Während seine ausgelassen umhertollenden, lauten und quirligen vier Söhne und fünf Töchter um ihn herum schrien, lachten und sich stritten, saß er in ein Buch oder in seine Gedanken vertieft da und schien das überhaupt nicht zu bemerken. Selbst wenn er auf der Veranda saß oder sich in sein keineswegs schalldicht isoliertes Arbeitszimmer zurückzog, war er immer noch gegenwärtig. Appa! Dem Anschein nach der am wenigsten anspruchsvolle aller Patriarchen. Doch in Wirklichkeit richteten sich alle um ihn herum nur nach ihm. Es kam nie vor, daß er tadelte oder schalt oder auch nur die Stimme erhob – trotzdem wurde alles so gemacht, wie er es wollte. War er wütend, so sprach er besonders leise, und seine hoch aufgeschossenen Söhne und Töchter, die sich um ihn herum geschart hatten, standen regungslos da, hörten zu und wagten nicht einmal, den Kopf von einer Seite zur anderen zu bewegen – was in Indien gleichbedeutend ist mit «nicken».

Nachdem Indien 1947 seine Unabhängigkeit gewonnen hatte, gehörte Appa zu denen, die sich der Swatantra- oder Freiheits-Partei anschlossen, einer sehr konservativen Gruppe. Diese stand vor allem dem Kommunismus feindlich gegenüber, und eines ihrer Mitglieder, Minoo Masani, sollte sich später dadurch auszeichnen, daß er einen Teil der asiatischen Intelligenz gegen den Kommunismus zu mobilisieren versuchte – wobei er großen Erfolg im Westen, in Asien jedoch sehr wenig Erfolg hatte. Die Swatantra-Partei ist inzwischen zerfallen.

Appa gründete die Gesamt-Indisch-Katholische Vereinigung, förderte schulische Einrichtungen der Jesuiten und wird in den Büchern der Jesuiten erwähnt. Die Katholischen Schulen gelten in Indien auch heute noch als die besten überhaupt. Die wohlhabenden und einflußreichen Hindu- und Moslemfamilien in Indien schicken ihre Söhne und Töchter auf katholische Schulen, und zwar nicht, damit sie katholisch werden, sondern weil sie eine gute Erziehung erhalten sollen.

Appa war aber auch bemüht, das Wohl der ausgebeuteten Landbevölkerung zu fördern, das Los der «Unberührbaren» zu erleichtern, der Angehörigen kleinerer Stämme, der rund zweihundertundachtzig Minderheiten, die in Indien von jeher ausgeplündert wurden. Seine Arbeit und seine Reden im *Radjah Sabah* galten ganz denen, die in Indien schönfärberisch als «die schwächeren gesellschaftlichen Gruppen» genannt werden.

Als die Macht von der britischen Verwaltung in die Hände der indischen Regierung überging, war es ihm darum gegangen, das in seinen Augen Beste zu bewahren: das parlamentarische System und die Demokratie. Wenn er Fehler machte, dann gewiß nicht aus irgendeinem politischen Opportunismus heraus. Trotz seines tiefverwurzelten katholischen Glaubens (er besuchte jeden Morgen die Messe, wozu er von seinem Haus aus nur die Straße zur Kathedrale zu überqueren brauchte), las er jetzt Mao Zedong, aber auch Frantz Fanon, dessen Buch *Die Verdammten dieser Erde* ihn tief anrührte und ihn auf vielen seiner Eisenbahnfahrten durch ganz Indien begleitete. Man könnte ihn als einen jener Katholiken bezeichnen, denen der wahre Katholizismus am Herzen liegt: Eine Religion, die sich vornehmlich der Sache der Sklaven, der Schutzlosen und der Armen annahm – bis sie zu einer Institution wurde, die auch den Motiven der eigenen Macht folgte. Bei unserer ersten Begegnung fragte Appa mich nach Mao, nach China überhaupt, den Kommunen und der chinesischen Revolution aus. Er hatte mein Buch über Malaysia gelesen und nickte langsam. «Dir verdanke ich ein neues Verständnis für dieses Gebiet. Bitte, schreib noch weitere Bücher. Wir alle müssen lernen . . . und immer weiter lernen.» Die Borde der Bücherregale in seinem Arbeitszimmer bogen sich unter der Last von Büchern – oft konsultierten, geliebten und zum Nachdenken anregenden Büchern. Alles Geld, das er erübrigen konnte (und er hatte sehr wenig), ging für Bücher drauf, und doch hatte er nie genug. Deshalb war er ein ständiger Benutzer der alten *Connemara Bibliothek* in Madras mit ihren Glasmalereien und ihrer kirchenähnlichen Stille; dort pflegte er in dem nach vorn hinausgehenden Lesesaal zu sitzen, wo ein einzelner Deckenventilator ein wenig Erleichterung verschaffte von der Sommerhitze, ohne daß die Seiten der aufgeschlagenen Bücher raschelten oder in Bewegung gerieten. Dort las er jeden Samstag morgen ein paar Stunden lang. Als später auch ich dieselbe Bibliothek aufsuchte, um bei meiner Beschäftigung mit der Geschichte Südindiens in alten Büchern nachzuschlagen, sagte Vincent erstaunt: «Du machst genau das gleiche wie Appa. Der ist auch immer hingegangen. Ein *peon** pflegte ihm einen Stapel Bücher nach Hause zu tragen.»

Er war erstaunt, denn er hatte nur, weil er mich genau wie sein Vater alles selbst herausfinden lassen wollte, nichts von Appas Bibliotheksbesuchen erzählt – genausowenig wie die anderen.

Nach unserem ersten Kennenlernen und dem Lunch (Appa benutzte Messer und Gabel, wohingegen seine Söhne und Töchter auf indische Art mit den Fingern aßen), sagten wir einander Lebewohl. Appa brachte uns noch bis auf die Veranda hinaus, und als wir fortgingen, sagte Vincent: «Appa mag dich.»

«Und ich mag ihn.» Was ich nicht sagte, war: Du siehst ihm verblüffend ähnlich, dabei bist du völlig anders als er. Ganz, ganz anders. Er und ich, wir sind uns ziemlich ähnlich, auch wenn wir unterschiedliche Auffassungen von der Welt haben. Aber du, mein Liebling, bist Gott sei Dank ganz anders.

So wurde ich in die Familie eingeführt. Vincent als der Älteste von neun Kindern machte mich dann mit seinen Geschwistern bekannt. Zuerst waren sie für mich nur Namen. Fünf Schwestern in hinreißenden Saris, drei Brüder, alle groß, jeder mit einem ganz anderen Charakter, aber für mich noch nicht zu fassen. Alle waren sie versessen auf Kricket. Dies Kricket, das ich nicht verstand und trotz meiner sechs in England verbrachten Jahre nie begreifen sollte. – Kein Wort jemals darüber, daß ich eine «abgefallene» Katholikin

---

* peon = Diener

war, eine «Abtrünnige». Ich hatte ihnen erzählt, da meine Mutter katholisch sei, seien wir alle getauft worden; doch irgend etwas in mir, möglicherweise meine chinesische Seite, könne sich einfach nicht mit einer fest umrissenen Religion abfinden. Ich war, ohne es zu wissen, die geborene Taoistin, und mein Vater, für den – wie für alle chinesischen Intellektuellen – Religionen etwas Menschengeschaffenes waren, war eine taoistisch-konfuzianische Seele. Ohne sich dessen bewußt zu sein, hat er mich zutiefst beeinflußt.

In dieser erzkatholischen Familie hat nie jemand eine Bemerkung über meine eigene Auffassung gemacht. Von niemandem kam auch nur eine Andeutung von Mißbilligung, daß Vincent sich um eine Scheidung von seiner Frau bemühte und vorhatte, eine andere Frau zu heiraten, die mit ihrem bisherigen Partner gleichfalls noch in Scheidung lag. Dieser Takt, diese gute Erziehung, die nichts mit Geld oder Einfluß zu tun hat, war vielleicht der Grund dafür, daß ich begriff, daß die Welt dieser Familie eine warmherzige Welt der Familienbande und des Füreinander-Eintretens war, die nichts zu tun hat mit der Welt draußen, wie wir sie kennen und in der wir leben.

Sonntags waren in der Kathedrale ganze Bankreihen von Familienangehörigen besetzt, denn neben den neun mir bereits bekannten Mitgliedern des engeren Familienkreises gab es Vettern und Kusinen ersten und zweiten Grades, Schwiegertöchter und Schwiegersöhne, Onkel und Tanten und Kinder jeden Alters, bis hinunter zum letztgeborenen Baby. Vierzig bis siebzig Personen bildeten den Kern eines jeden Familientreffens, für die es vielerlei Anlässe gab: Kirchenfeste und Pilgerfahrten, Hochzeiten und Hochzeitstage, Gedenkgottesdienste, Beerdigungen und jeder andere Anlaß, der sich eignete, um sich gemeinsam zu freuen oder zu trauern, der Verstorbenen zu gedenken oder jemanden wieder im Schoße der Familie willkommen zu heißen, der von «out station» zurückkehrte, einem indischen Ausdruck, der soviel bedeutete wie «irgendwo sonst in Indien». Außerdem gab es neben den christlichen ja auch noch die indischen Feste. Da das Christentum schon so lange in Indien beheimatet ist, sind viele indische Feste in die traditionellen Kirchenfeste integriert worden.

Bald sollte ich dahinterkommen, daß nicht Appa die eigentliche Vaterrolle spielte, sondern Vincent, der älteste Sohn. Appa wurde verehrt, und auf ihn hörte man in den großen Dingen; galt es jedoch einen Streit zu schlichten, Probleme zu besprechen oder sich darüber klar zu werden, wie bestimmte Feste gefeiert werden sollten (was sehr wichtig war, denn jede Familienfeier bedeutete Sonderausgaben fürs Essen – selbst was es zum Essen geben sollte, mußte von Vincent gebilligt werden), wenn über Ausbildung und beruflichen Werdegang der nachwachsenden Generation oder über finanzielle Probleme zu beraten oder ein Rat zu holen war, wie man es schaffte, bei der kleinlichen, erschrekkend unbeweglichen und langsam arbeitenden indischen Bürokratie irgendwelche Hilfe etwa bei der Wohnungsbeschaffung zu erhalten, wandte man sich wie bei tausend anderen Sachen an Vincent.

Appa war so weise gewesen, sich aus allem herauszuhalten, und hatte seinen Geist von derlei materiellen Einzelheiten, die seine Familie betrafen, befreit. Mir scheint, er hat alles seiner Frau, Vincents Mutter Amma, überlassen, die ich nicht mehr kennengelernt habe, weil sie bereits 1958 an Unterleibskrebs gestorben ist. Die Schlüssel des Hauses in einen Zipfel ihres Sari eingeknotet, war die große, lebenstüchtige und schöne Frau mit der Fülle prachtvollen Haars – dies entnahm ich den Photos – geschäftig von der Küche ins Wohnzimmer geeilt und von den Schlafzimmern in den Garten. Ihre ganze Nachkommenschaft um sich versammelt, war sie per Bahn auf Pilgerreisen gegangen und hatte Dienerschaft und Kochherd, Topf und Tiegel sowie große Kupferkannen fürs Wasser einfach mitgenommen. Während Appa sich in sein Arbeitszimmer zurückzog, um zu lesen oder seine Vorträge auszuarbeiten oder nach Delhi fuhr, um an den Sitzungen des *Radjah Sabah* teilzunehmen oder aber auf Vortragsreisen unterwegs war, führte Amma den Haushalt. Vincent als ältester Sohn folgte der Mutter auf Schritt und Tritt und lernte von ihr das Kochen. Denn das Kochen – Herz und Kernstück der Versorgung der Familie – gewinnt größte Wichtigkeit, wenn es gilt, eine ganze Schar von Angehörigen zu ernähren und nicht nur einen einzelnen. Ich glaube, Vincent hat von ihr auch gelernt, mit anderen Menschen umzugehen. Jedenfalls zeichnet ihn eine besondere Gabe aus, die er entweder geerbt oder sich selbst angeeignet haben muß: Menschen so zu lieben, wie sie sind, anstatt sich auf Ideen, Einzelwesen oder gar «die gesamte Menschheit» zu fixieren. Setzten Appa und ich uns für irgendwelche große Fragen ein und litten deswegen, machten Amma und Vincent sich eher Sorgen um eine Nichte, die an Mumps erkrankt war, oder um einen Neffen, der mit einer hysterischen Frau geschlagen war. Mit Sicherheit hätten sie dafür gesorgt, daß man sich um diese Dinge kümmerte. So sorgten sie sich um einen Verwandten in

Royapuram, der senil wurde und eigentlich einen Diener brauchte, der ihn sauber hielt. «Im Grunde habe ich schon mit fünfzehn oder sechzehn angefangen, die Verantwortung für die Familie zu übernehmen», sagte Vincent zu mir. «Mir blieb gar nichts anderes übrig, als dafür zu sorgen, daß Ordnung in unserem großen Clan herrschte.»

Während Appa sich ungehindert seinen Studien widmen und auch für mehrere Tage verschwinden konnte, weil er Vorträge über Erziehung und Politik halten mußte, kümmerte sich Amma um alles. Jetzt war Amma tot. Zwei der im Haus lebenden Töchter kümmerten sich um Appa. Seine Söhne und die anderen Töchter kamen mindestens zwei-, dreimal die Woche, um ihn zu besuchen. Waren sie «out station», suchten sie nach ihrer Rückkehr als erstes Appa auf.

So lernte ich nach und nach die ganze Familie kennen. Cissy, die schmale, war die Aktivste von allen. Sie trug meine chinesischen Kleider, und wir gingen gemeinsam zu den Rennen nach Delhi. Die rundgesichtige und große Louisa mit den ausladenden Hüften sah ihrer Mutter Amma erstaunlich ähnlich und redete unablässig übers Kochen. Das Wasser lief einem im Munde zusammen, wenn sie beschrieb, wie sie die Gewürze mit dem Reibestein zerrieb, Ingwer und Knoblauch hackte und den frisch vom Markt kommenden Spinat oder die Möhren in *ghee** garte, wobei «frisch» gleichbedeutend war mit «von heute morgen», denn Louisa wies alles Gemüse von sich, das älter war als einen Tag. Bei ihr wurde jedes einfache Gericht zu einem Kunstwerk, das man genoß und über dessen

* ghee = halbflüssige Büffelmilch-Butter

Qualitäten man sich in den höchsten Tönen erging. Dann war da noch die tüchtige Theresa, aus der möglicherweise eine erfolgreiche Geschäftsfrau geworden wäre, hätte sie nicht den Beruf aufgegeben, um Ehefrau und Mutter zu werden. Als nächste kam die große, schöne und kluge Rina mit einem unerschöpflichen Mutterwitz und abgeschlossenem Studium, die jetzt nur Hausfrau war. Und die Jüngste, Agnes oder Aggie, schön auch sie, mit den bezauberndsten Augen und einem reizvollen Mund, scheu und von überaus sanftem Wesen. Aggie mit ihren liebevollen, behutsamen Händen und ihrer stillen Aufmerksamkeit ist keine moderne Frau. Sie ist jemand, der immer nur gibt und sich ganz durch Hingabe und Fürsorge auszeichnet.

Die Brüder: Dominic, stämmig, selbstsicher, jemand, der seinen Weg in der indischen Armee gemacht hat. Basil, still und scheu, jemand, der seine Klugheit wie sein Vater hinter großer Zurückhaltung verbirgt. Und Benny, der sich ständig mit seinen Schwestern streitet, sie aber selbstverständlich auch liebt, und der auf mich manchmal den Eindruck macht, als suche er mit seinen sechzig Jahren innerhalb der Hierarchie der Brüder und Schwestern immer noch nach dem für ihn richtigen Platz.

Einer der liebenswertesten, aber manchmal auch bis aufs Blut reizenden Züge der Familie ist die Art und Weise, wie sie unerschütterlich, bereitwilligst und ohne Unterbrechung immer und ewig *beisammen* sind. Wie sie ständig im selben Meer schwimmen wie in einem großen Mutterschoß, unabänderlich alle miteinander. Selbst wenn sie durch Raum und Zeit voneinander getrennt sind, schreiben sie sich Briefe. Die Briefe von Vincents Angehörigen würden mehrere Kartons füllen, hätte er nicht die schlechte Angewohnheit, sie zu zerreißen. Wer eine bestimmte Situation als normal empfindet, weiß sie eben nicht zu schätzen. Ich bemühe mich, die Briefe zu retten, komme aber fast immer zu spät.

Neun Brüder und Schwestern, eine Solidargemeinschaft, ein Stamm. Sie ziehen einer aus der Gesellschaft des anderen ein nie endendes Gefühl von Wärme und Geborgenheit, von Zusammengehörigkeit und gemeinsamem Interesse, das in der Kindheit beginnt, ihr ganzes Leben hindurch nicht abreißt, erst mit dem Tode aufhört und alle anderen Beziehungen für sie zweitrangig werden läßt. Sie besuchen sich und schreiben sich, reden über alles, was ihnen zustößt, streiten miteinander, nehmen untereinander Partei ein und wechseln von einer Seite zur anderen und wenden sich schließlich an Vincent, weil diesem als dem Ältesten die Aufgabe zufällt, Schiedsrichter zu spielen. Selbst heute noch werden wir in Lausanne, wo wir leben, von Madras aus brieflich auf dem laufenden gehalten, wenn irgendwo ein Streit brodelt.

Dieser engen Blutsbande wegen meine ich, daß Schwiegertöchter und -söhne (die Fremden, die von außen in die Familie kommen), immer irgendwo am Rande stehen. Wie weit Schwiegerkinder akzeptiert werden, hängt davon ab, in welchem Maße diese innerhalb der Familie sonst noch verpflichtende Beziehungen eingehen. Das ist übrigens in anderen indischen Familien ähnlich; daher dort die häufigen Eheschließungen zwischen Vettern und Kusinen ersten und zweiten Grades. Jetzt freilich ist auch für Indien eine neue Zeit angebrochen; Schwiegersöhne und -töchter kommen zunehmend von außerhalb der Familie, und das führt zu einem hochkomplizierten Problem des «Status-Zuerkennens», das hier nur angedeutet, nicht aber dargelegt werden kann. Können wir, die Kometen von außen, die Schwiegersöhne und -töchter, zu begleitenden Monden werden, die sich im Einklang mit dem festgefügten Hauptplaneten drehen und ihre Kreise ziehen?

Entweder die «Angeheirateten» werden Teil der Familie oder sie bleiben auf subtile und unausgesprochene Weise Außenseiter. Nie wurde mir deutlicher bewußt, daß Caro, Vincents Frau, nicht wirklich dazugehört hat als dadurch, daß Theresa einmal beiläufig sagte: «Sie wollte nie Karten mit uns spielen.» «Karten», das hieß Rommé. Dabei bedeutet das noch nicht, daß man abgelehnt, ausgestoßen oder nicht zur Kenntnis genommen wird. Was es aber sehr wohl bedeutet, ist, daß auf diese subtile, unausgesprochene und – wo es um wichtige Fragen geht – sehr indische Weise die Familie immer eine Einheit bildet und Schwiegersöhne oder -töchter immer außen vor bleiben und auf eine Wand aus Schweigen stoßen.

Mir selbst war es angesichts einer solchen Herausforderung schier unmöglich, nicht den Wunsch zu haben, zumindest teilweise von der Familie akzeptiert und in sie integriert zu werden; aufgrund meiner chinesischen Erziehung kannte auch ich die Macht des Schweigens und wußte, was Wortlosigkeit auszurichten vermag, was es heißt, erleben zu müssen, daß einem einfach keiner etwas sagt.

Die Familie! Wie greifbar, beunruhigend und bis zum Bersten indisch sie war! Dazu noch eine katholische Familie mit ihren eigenen Tabus. Heirate nie an einem Dienstag oder Samstag und nicht zwischen vier und sechs Uhr nachmittags. Das leitet sich bestimmt von den traditionellen indischen «guten» und «schlechten» Tagen und von den «glück-» und «unglückverheißenden» Stunden ab. Die Katholiken kennen keine Speisevorschriften und -verbote wie die Hindus oder die Moslems, und so wurde in Vincents Familie alles gegessen, auch Rindfleisch; denn in Indien werden Kühe sehr wohl geschlachtet, allerdings nicht von den Hindus. Was freilich für die Familie bedeutet, daß auch ihre Dienerschaft katholisch oder moslemisch sein muß.

Als Drawida hatten sie Teil an einer Tanz und Gesang, Literatur, Musik und Kunsthandwerk umfassenden Tradition, die weiter zurückreicht als bis zur Einwanderung der Arier um das Jahr 2000 vor unserer Zeitrechnung. Die Drawida oder dunkelhäutigen Südinder, zu denen neben den Tamilen noch andere Gruppen gehören, behaupten (und scheinen damit recht zu haben), daß die großen frühgeschichtlichen Ruinenstädte Mohendscho-Daro und Harappa auf sie zurückgehen und ihre Harappa- oder Induskultur im *Gilgamesch*-Epos als «Himmel» bezeichnet wurde, wohingegen die große babylonische Dichtung nicht nur an den amerikanischen Universitäten als erstes Epos der weißen Arierrasse gilt. In dem jahrtausendealten und immer noch weitergehenden Kampf zwischen den Rassen – und nichts weiter ist das indische Kastensystem im Grunde – haben die südindischen Drawida ihre eigene Identität gefunden.

Tamilische oder Drawida-Kunst und -Kultur haben Madras zum Mittelpunkt der Künste einschließlich der Tanzkunst gemacht. Die Zahl der Lichtspielhäuser in Tamil Nadu (also dem indischen Bundesstaat der Tamilen mit der Hauptstadt Madras) ist doppelt so hoch wie – nach der Einwohnerzahl berechnet – im nationalen Durchschnitt. Tamil Nadu gilt außerdem als eine der industriell entwickeltsten Regionen Indiens. Die Zahl der des Lesens und Schreibens Kundigen liegt hier über dem gesamtindischen Durchschnitt – mit Ausnahme eines anderen südindischen Bundesstaates, Kerala, wo das Analphabetentum noch geringer ist.

In diesem ethnisch-kulturellen Beziehungsgeflecht gelten die traditionellen Feiern und Feste für alle Gemeinschaften – und das heißt in Indien selbstverständlich: Religionen. So wurden in Vincents Familie nicht nur Weihnachten und Ostern gefeiert, sondern sämtliche Neujahrsfeste (das der Hindus und der Moslems ebenso wie das des Sonnenjahrs), das Erntedankfest von Ponggol und viele andere. Nur hier in Madras konnte es geschehen, daß ich einen indischen Jesuiten, der an einer Dissertation über die Handelsbeziehungen der Moslems mit China arbeitete, dabei überraschte, wie er mit jungen Seminaristen einen der typischen Drawida-Tänze einstudierte, wobei sie alle zum Klang von Trommeln und Flöten tanzten.

Ich selbst bemühte mich immer, wenn ich in Madras war, an diesen Feiern teilzunehmen. Doch an Geburts- und Jahrestagen, Hochzeiten, Beerdigungen und anderen Feiern teilzunehmen, hat mit echter Zugehörigkeit noch nichts zu tun. Mir ging überdies auf, daß die verwandtschaftlichen Beziehungen durch die Mutter sich auch noch auf die Familie der Mutter erstreckten, was man als einen Rückgriff auf die alte *Marumakathaja* bezeichnen könnte, auf das Mutter-System, die matriarchalische Gesellschaft, wie sie in Südindien sehr lange vorgeherrscht hat.

Zwei von Vincents Schwestern sollten Vettern ersten Grades aus der Familie ihrer Mutter heiraten und damit die Familienbande auf traditionelle Weise festigen. Diese Art von Vettern-Heiraten kommt in Indien sehr häufig vor, doch nirgends so häufig wie innerhalb der Gemeinschaft der Katholiken, der konservativsten Gruppe überhaupt.

An einer Familiengepflogenheit jedoch konnte ich teilnehmen; sie besaß nur symbolischen Charakter und war sehr zeitraubend, doch letztlich befriedigend und lohnend. Es handelt sich um das Rommé-Spielen. Gemeinsam in Gruppen von sechs oder zehn Personen Rommé zu spielen und untereinander zu gewinnen oder zu verlieren, scheint innerhalb der Familie eines der Rituale des Zusammenseins zu sein. Die Karten in der Hand und um einen kleinen Tisch herum sitzend, konnte ich sie fühlen und sie wie etwa eine Seeanemone oder eines jener wunderbar vielgestaltigen Meeresgeschöpfe sehen, die Kolonie und Einzelwesen zugleich sind. Ich spiele gern Karten, Mahjong, Bridge und Poker, habe aber keinerlei Talent zu gewinnen. Ich verliere, aber ich beobachte. Und so spielte ich Rommé. Wie sonst sollte ich zu ihnen durchdringen? Ein Teil von ihnen werden und dazugehören? Viele Jahre hindurch haben sie mich behandelt wie einen geehrten Gast und sind mir mit größter Aufmerksamkeit entgegengekommen, als ob jedes Wort, das ich sprach, von Bedeutung wäre. Aber habe ich wirklich dazugehört?

Wann immer ich auf einem indischen Flugplatz landete, immer wurde ich von ein, zwei, drei Schwestern abgeholt; oder von einem Bruder oder auch von zwei Brüdern, mehreren Ehemännern und Frauen (Schwiegerkinder, die zu diesem Zweck abkommandiert wurden), bisweilen auch noch von den Kindern, einer Schar von Verwandten jedenfalls, die innerhalb der Hunderte von Menschen, die auf die Fluggäste warteten, ein lockeres, aber sehr wohl deutlich sichtbares Begrüßungskomitee bildeten. Denn in Indien gehört das Abgeholt- oder Zum-Flugplatz-gebracht-Werden immer noch zu den großen Selbstverständlichkeiten, und manchmal finden sich an die zweihundert Menschen zusammen, um einen besonders angesehenen *Sadhu* oder berühmten Politiker zu verabschieden.

Ein oder zwei Blumengewinde um meinen Hals, ein oder zwei Brüder, die es sich nicht nehmen lassen, mir ein Gepäckstück zu entwinden – das gehört einfach dazu. Außerdem machten sie mir Geschenke, dabei war keiner von ihnen reich; eine besondere Beziehung zum Geld war bei keinem von ihnen entwickelt. Und sie luden mich zu üppigen Gastmählern ein (sie sind samt und sonders begeisterte Esser), die sie sich kaum leisten konnten. Was unübersehbar von ihnen ausging, war ein Gefühl von Lockerheit, Höflichkeit und Eleganz. Denn Appa hatte in dieser Beziehung keine Ausgaben gescheut und darauf bestanden, daß alle Kinder eine gute Erziehung erhielten; auch die Mädchen hatten alle studiert.

So war die Familie: katholisch, aber indisch. In mancher Weise waren sie wie die Brahmanen, pflegten enge verwandtschaftliche Beziehungen, heirateten in die Familie der Mutter ein und waren darauf bedacht, Sitte und Herkunft zu bewahren. Drawida, aber mit einem kräftigen Schuß Religion, die letzten Endes universal ist.

Die nächste Generation jedoch geht bereits andere Wege. Die jüngeren Söhne und Töchter fangen an, sich ihre Partner außerhalb der eigenen Religion und Kaste zu suchen, und das zum großen Kummer des Erzbischofs in der Kathedrale. Denn was soll aus *ihren*

Kindern werden? Werden sie Katholiken sein oder etwas anderes?

Über die Grenzen der eigenen Gesellschaft hinweg zu heiraten, ist immer noch etwas ganz Besonderes. Aber Appa macht keinem Vorhaltungen und weist niemanden zurück.

Ich gehe leidenschaftlich gern den Dingen auf den Grund und forsche nach. Vielleicht liegt das daran, daß meine chinesische Familie ihren Stammbaum über fast acht Jahrhunderte zurückverfolgen kann. Doch in Indien kümmert man sich – mit Ausnahme der Fürstenhäuser – kaum darum, Familienunterlagen aufzubewahren, denn der Tod ist nichts als ein Wiedereintauchen in das Meer unablässiger Verwandlung, wie sie dargestellt ist im tanzenden Gott Schiwa, der den nie endenden Tanz des Lebens tanzt.

Ich machte mich auf die Suche nach Vincents Vorfahren. Dabei fand ich heraus, daß Appas Großvater ein Haus in Royapuram besessen hat, einer Stadt am Meer, die jetzt einen wichtigen Teil von Madras bildet. Dort hatten sich im 18. Jahrhundert Katholiken, die von den Briten aus Mylapur vertrieben worden waren, zu neuen Gemeinden zusammengefunden. Ich fuhr nach Royapuram, um nach dem Haus zu suchen.

Worauf ich als erstes stieß, war die Kirche. Die Kirche Unserer Lieben Frau von Royapuram, ursprünglich nur eine mit den Mitteln der katholischen Gemeinde erbaute Kapelle, welche die Gläubigen rund zweihundert Jahre unterhalten hatten. Ein hübsches Gebäude mit geschwungenem, den Meereswellen nachempfundenem Dach und neununddreißig Kreuzen, die auf jedem nur denkbaren Mauervorsprung aufragten. Die Fenster reichten vom Dach bis hinunter auf den gefliesten

Fußboden, so daß für Lüftung bestens gesorgt war. Gegründet worden war die Kirche eigentlich von den Schiffseignern, das heißt von jenen, die sich so gewaltig angestrengt hatten, daß sie zu Besitzern eigener Boote geworden und dadurch der niedrigen Kaste der Fischer entronnen waren. Gleichwohl praktizierten die Katholiken das Kastensystem, und die Unberührbaren, die erst in jüngster Zeit konvertiert waren, hockten auf den Fliesen oder drückten sich abgesondert vom Rest der Gemeinde herum, denn Bänke oder Stühle gab es für sie nicht. Die grauenhafte Herrschaft des Kastenwesens erschließt sich westlichen Besuchern nicht so ohne weiteres; sie offenbart sich erst, wenn man wirklich in die indische Gesellschaft eindringt, es braucht allerdings nicht besonders tief zu sein.

Inzwischen ist die Kirche von Royapuram renoviert worden. Aber ach – man hat das Dach modernisiert, und nun sieht es aus wie jedes andere Dach auch. Die Kreuze sind verschwunden. Man hat die Kirche grau und weiß gestrichen – «für die Touristen». Gleichwohl bleibt Royapuram nach wie vor eine anheimelnde Oase aus einer unbestimmbaren Zeit zwischen zwei Phasen der Eroberung. Die Häuser an den baumbestandenen Straßen sind im portugiesisch-indischen Stil gebaut. Schließlich finde ich das Haus von Appas Vater in der Nähe einer Kapelle; es ist verwahrlost und wird von einer Druckerei als Lagerraum für Papier und Druckmaschinen benutzt . . .

Soweit also meine neue, meine indische Familie. Denn liebe ich nicht ihren ältesten Sohn? Soll ich nicht eines Tages Appas Schwiegertochter werden? Und in einer indischen Familie die Schwiegertochter zu sein, bedeutet mehr, als «nur» Tochter zu sein. Die Schwiegertochter bringt eine Aussteuer und Beziehungen mit; sie dient den Interessen der Familie. Das sind überaus wichtige Vorstellungen, über die nie gesprochen wird, die sich aber im täglichen Leben sehr wohl auswirken. Sie bestimmen die Gefühle, stärken emotionale Bindungen oder lassen diese überhaupt erst entstehen und haben eine Menge von Pflichten zur Folge, die von allen anerkannt werden.

In China habe ich eine chinesische Familie – und ihr gegenüber viele Verpflichtungen. Jetzt soll ich Teil einer indischen Familie in Indien werden. Durch meine Schwestern und durch meine Tochter, die alle Amerikaner geheiratet haben und deren Kinder Amerikaner sind, habe ich auch noch eine amerikanische Familie in den Vereinigten Staaten.

Ist es vorstellbar, daß jemand vom Glück mehr begünstigt und mit freudvolleren Bürden gesegnet ist als ich?

3. KAPITEL

MICHAEL, Peter, Patricia: Vincents Kinder, die er mit seiner Frau Caro Fernandes hatte, dieser adretten und peniblen Frau, deren Platz ich einnahm, mit der mich aber ein paar Jahre vor ihrem Tode eine enge Freundschaft verband. Caro starb 1983 mit achtzig Jahren.

Einige Jahre hindurch waren Michael, Peter und Patricia nur Namen für mich. Was sie wohl von mir hielten, fragte ich mich. Sie mußten mich ja verachten: eine auseinandergerissene Familie, Herzeleid ... was sollten sie sonst tun? Aber sie schienen weit weg zu sein, unerreichbar und unzugänglich.

Zuerst lernte ich Michael und seine Frau Anne kennen, und zwar in Patna, einer Stadt in Nordindien, wo Michael arbeitete. Michael hatte Anne noch vor Beendigung seines Ingenieurstudiums geheiratet, und Vincent, der – darin ganz Appas Sohn – größten Wert auf Bildung und Ausbildung legte, war über diese überstürzte Eheschließung nicht glücklich gewesen. Er selbst hatte der Trauung, die in Madras stattfand, nicht beigewohnt. Doch Appa und die Familie waren dagewesen. Ohne eine Familie ist eine Hochzeit keine Hochzeit – weder in China noch in Indien. Michael hatte hinterher verschiedene Gelegenheitsjobs angenommen. Anne hatte im ersten Jahr nach der Hochzeit ein Kind bekommen und im Anschluß daran noch zwei weitere – alles Jungen. Anne ist klein, schmal und ungewöhnlich feingliedrig. Es hat Jahre gedauert, ehe sie sich von den drei rasch aufeinanderfolgenden Geburten erholte; die Kinder hatten ihren Knochen dermaßen viel Kalzium entzogen, daß ihre Beckenknochen bei der dritten Geburt barsten. Die drei Kinder sind hübsche und aufgeweckte Burschen, doch glaube ich manchmal, daß sie Angst vor ihrem Großvater haben. Dabei liebt Vincent sie, und sie bedeuten ihm viel. In gewisser Weise scheint er jedoch den Kindern seiner Tochter – gleichfalls zwei Jungen – mehr zugetan als denen seines ältesten Sohnes. Das ist nicht einfach zu erklären. Meiner Meinung nach liegt es daran, daß Michael für ihn der älteste Sohn ist; und älteste Söhne sind – wie er selbst es auch war – prädestiniert, für andere zu sorgen und daher weniger für sich selbst zu bekommen. Das gilt für China übrigens genauso. Auch dort erwartet man von ältesten Söhnen, daß sie für die gesamte Familie sorgen und sich selbst hintanstellen. Nun ist es aber so, daß alle Eltern – ausgesprochen oder unausgesprochen – Lieblingskinder haben. Durch die Bank kennen alle Eltern leichte, manchmal kaum merkliche Unterschiede in ihrem Verhalten ihren verschiedenen Kindern gegenüber. Da gibt es den besonderen Tonfall, eine Geste, ein gewisses Lächeln – echogleich hallt das die Korridore unserer Kindheit hinunter und ist häufig Quell großer, unbegründeter Verbitterung und der Eifersucht unter Geschwistern.

«Für Michael habe ich genausoviel getan wie für meine anderen Kinder, vielleicht sogar noch mehr», sagte Vincent, wenn ich ihm vorhalte, daß er seine Tochter allzu auffällig vorzieht. Liebe basiert auf täglicher Begegnung, und sie verändert sich von Tag zu Tag. Nun stimmt es aber auch, daß Eltern ihre Kinder bisweilen in einer Art bewerten, die als Bevorzugung gedeutet wird, obwohl sie damit nicht das geringste zu tun hat. Little Lord Fauntleroy – das war Peter, der Lieblingssohn seiner Mutter. Patricia mit ihrer Anmut und Schönheit war das typische Mädchen, und da Vincent ein ausgesprochen männlicher Mann ist, hat er auch ein besonderes Gespür für weibliches Schutzbedürfnis und für den Umstand, daß Frauen bei Männern Geborgenheit suchen. Er ist ein Mensch, der denen, die darauf angewiesen sind, Geborgenheit schenkt und immer nur geben möchte. Ich brauchte ihn, deshalb ist er zu mir gekommen.

Das urweibliche Bedürfnis zu umsorgen und umsorgt zu werden, wird häufig in Abrede gestellt oder einfach nicht zur Kenntnis genommen, besonders dann, wenn eine Frau «unabhängig» zu sein scheint, selbständig ist und sich zu helfen weiß. Doch im Grunde bleibt dieses Bedürfnis weiter vorhanden. Patricia, Vincents Tochter, brauchte ihren Vater. Es sollte einige Zeit dauern, bis ich begriff, warum.

Patricia kam auf Urlaub nach Europa und blieb ein paar Wochen bei uns in Paris. Vincent zeigte ihr die Stadt, während ich zu Hause blieb und tippte, denn ich saß wieder an einem Buch. Patricia ist ein ausnehmend schönes Mädchen, eine sepiagetönte Sophia Loren mit riesigen braunen Augen. Sie besitzt einen Zauber und eine Sanftheit, die ganz und gar indisch sind, und weist eine Zartheit der Knochenstruktur auf, die einen an die Statuen in manchen Tempeln erinnert: nicht an die üppig gerundeten, sondern die blutjungen, gazellengleichen Geschöpfe in Gebets- oder Tanzhaltung. Ich bemerkte, daß sie nahezu reine Drawida- oder südindische Züge aufwies und wie ihr Vater eine dunkle Haut hatte . . . ja, eine Haut, die so dunkel war, daß sie manchmal ins Bläuliche schimmert und die ich besonders reizvoll finde, von der ich jedoch zu meinem größten Erstaunen feststellen mußte, daß sie auf manche abstoßend wirkt. Und das besonders in Indien, wo der Hautfarbenkomplex weit, weit ausgeprägter ist als in Europa oder in Amerika und wo ein Mädchen mit nichtssagend stumpfen Zügen, aber heller Haut, einer dunkleren Schönheit allemal vorgezogen wird. Selbst wenn ich während ihres Besuches bei uns zeitweilig an meine Schreibmaschine gebunden war und mich gelegentlich auch in der Küche betätigen mußte, hatte ich Zeit genug, darüber nachzudenken, warum Vincent seiner Tochter gegenüber so besonders fürsorglich und beschützerisch zu sein schien.

Der Grund war, daß sie eine dunkle Haut hatte. Die Drawida des Südens haben nach wie vor das nagende Gefühl, daß die «Arier», die hellhäutigen Eindringlinge aus dem Norden, immer noch auf sie herabsehen. Und darin gehen sie wohl auch nicht ganz fehl, wenn man bedenkt, daß zum Beispiel der bedeutende indische Schriftsteller Ved Mehta es erst vor kurzem (im Februar 1986) nötig hatte, in einem Interview in der *New York Times* auf die Frage, ob es ihm etwas ausmache, als «Schwarzer» bezeichnet zu werden, zu erwidern, er sei Arier, stamme also von «Weißen» ab ...

In meinen Augen war Patricia wunderschön; ihre Hautfarbe verstärkte nur ihr bezauberndes Aussehen. Vincent aber war ein indischer Vater und befürchtete, diese könne ihre Chancen für eine gute Partie mindern. Es kostete mich einige Zeit – und ein paar Szenen, bei denen die Fetzen flogen, denn ich mache aus meinem Herzen keine Mördergrube und meine, man soll seine Gefühle herauslassen –, Vincent den Grund abzuringen, warum er Patricia gegenüber so ängstlich und übertrieben fürsorglich war.

«Du bist farbenblind», erklärte Vincent. «Du *siehst* Hautfarben einfach nicht. Du siehst immer nur den Menschen. Aber in Indien ist das anders. Ich muß dafür sorgen, daß Patricia ein gutes Studium bekommt, daß sie es beruflich zu etwas bringt ... das wird es ihr erleichtern, für sich selbst zu sorgen und sich den Mann, den sie will, auszusuchen.»

Folglich ging er mit seiner Tochter spazieren und redete auf sie ein, versuchte, sie von der Notwendigkeit zu überzeugen, sich die bestmögliche Ausbildung zu sichern, die Universität zu besuchen und Ärztin zu werden. «Dann wirst du immer imstande sein, für dich selbst zu sorgen, falls du ...»

Diese sonderbare indische Besessenheit hinsichtlich der Hautfarbe sollte ich besser verstehen, als eines Tages ein indischer Freund (der selbstverständlich ein «Arier» war oder sich einbildete, es zu sein – in meinen Augen hatte er eine dunkelolivfarbene Haut) zu mir sagte: «Han Suyin, selbstverständlich freuen wir uns, daß Sie einen Inder gewählt haben – aber warum einen *dunklen* Inder?»

Worauf ich erwiderte: «Hat er wirklich eine dunkle Haut? Das ist mir noch nie aufgefallen.»

Bei einer anderen Gelegenheit sagte eine «hellhäutige» Inderin zu mir (und genoß dabei sichtlich die aufgesetzte Witzigkeit ihrer Bemerkung): «Ich möchte keinen Mann, der nach dem Baden einen dunklen Rand in der Wanne hinterläßt.»

So begriff ich endlich Vincents fürsorgliche Haltung seiner Tochter gegenüber – aber es dauerte lange, und eine Zeitlang war ich durchaus erbost darüber. Eifersucht und Argwohn sind unvermeidlich, nur bei ganz außergewöhnlichen Menschen nicht. Ich jedoch bin nur allzu menschlich.

Und dann war da Peter.

Da es schließlich Peter ist, um den es mir hier geht, muß die Art und Weise beschrieben werden, wie er in mein Leben trat. Denn ich war maßgeblich daran beteiligt, Peter zu bewegen, ins Ausland zu gehen, was schließlich sein ganzes Leben geprägt und gestaltet hat. So sagt Peter, der es sehr wohl versteht zu verletzen, gelegentlich wohl: «Hätte ich Indien nicht verlassen, wäre ich nicht so krank geworden.»

Im Frühling 1962 fuhren Vincent und ich, die ich damals in Malaysia lebte, nach Kuala Lumpur, der Hauptstadt, um den britischen Hochkommissar für Malaysia und seine Frau zu besuchen, Sir Anthony und die Viscountess Dorothea Head. Dorothea hatte mir geschrieben und gesagt, sie wolle mich malen. Wir waren auf einer Party gewesen, auf der wir uns beide gelangweilt hatten, und sie hatte den Wunsch geäußert, mich wiederzusehen.

Kuala Lumpur war eine blühende, aufstrebende Stadt. Vielstöckige Bauten ersetzten die auf Stelzen über dem Boden errichteten, reizvollen Holzhäuser; Wälder und Moraste auf der anderen Seite der Schlamm-Mündung (und nichts anderes bedeutet Kuala Lumpur) verschwanden in dem Maße, wie Läden an den neuen Straßen und dahinter neue Wohnsiedlungen entstanden. Malaysia war 1959 unabhängig geworden. Ich hegte große Hochachtung vor dem Premierminister, Tunku (Fürst) Abdul Rahman, und mochte ihn auch persönlich gern. Sein australischer Sekretär, Frank Sullivan, war ein leidenschaftlicher Sammler malaysischer Kunst, und jetzt, nach der Unabhängigkeit, besann man sich auf die kulturelle Eigenständigkeit: Es gab malaysische Maler und Bildhauer und malaysische Schriftsteller. In Kuala Lumpur wurde ein Museum gebaut. Ich hatte dem Museum einige aus der späten Ming-Zeit stammende, für den Export bestimmte Teller gestiftet und kaufte jetzt auf Franks Rat hin ein paar Bilder, einige nur, um die um Anerkennung ringenden jungen Künstler zu ermutigen. Außerdem hatte ich die Mittel für ein Stipendium bereitgestellt, daß es einem chinesischen Studenten ermöglichen sollte, an der Nanyang-Universität in Singapur Malaysisch zu studieren. Die Nanyang-Universität, die allein von den Überseechinesen in Singapur und Malaysia unterhalten wird, war gegründet worden, um ein Gegengewicht gegen den ganz auf England und das Englische ausgerichteten kolonialen Trend der Universität von Singapur zu schaffen. Meinem Empfinden nach konnte jedoch eine Harmonie zwischen den Rassen nur dann erreicht werden, wenn die Nanyang-Universität ihren chinesischen Studenten auch Kurse in Malaysisch anbot. Tunku Abdul Rahman nahm dann freundlicherweise auch noch ein entsprechendes Stipendium für einen malaysischen Studenten von mir an, der im Sinne der Förderung rassischer Harmonie Chinesisch studieren sollte...

Nach Kuala Lumpur zu fahren, war für mich daher jedesmal ein Vergnügen. Dorothea Head war durch und durch eine englische Adlige, was bedeutete, daß sie mit lauter Stimme zu allem und jedem ihren Kommentar abgab und es ihr völlig gleichgültig war, wer zuhörte. In einen locker sitzenden Kittel gekleidet, begrüßte sie uns bei unserer Ankunft mit farbverschmierten Händen inmitten ihrer Hunde und Katzen und einiger wunderschöner afrikanischer Vögel mit Federbüschen auf ihren Köpfen. «Ach, meine Liebe, ich habe schon immer mit Ihnen zusammenkommen und über China sprechen wollen. Ich weiß, Sie reisen hin, obwohl das hier völlig tabu ist, und viele Leute meinen, Sie wären eine Kommunistin. Ich aber weiß, daß Sie das nicht sind. Doch erzählen Sie! Ich möchte nämlich zu gern hin, nur erlaubt mir Anthony das nicht.»

In einen Bademantel gekleidet, kam Anthony Head auf uns zu. Er war im Swimmingpool gewesen, und ein Papagei hockte ihm auf der Schulter. Er bot uns an, auch rasch ins Wasser zu springen, was ich jedoch mit der Bemerkung ablehnte, ich würde überhaupt keine Swimmingpools mögen, «denn manche Leute pinkeln ins Wasser».

«Soso, aber dafür gibt's doch ein Pulver, das man hineinschütten kann. Dann färbt sich das Wasser um den Schuldigen herum gelb», erklärte er.

Dorothea malte mich. Und später reiste sie nach China, sobald Anthony aus dem diplomatischen Dienst ausgeschieden war. Das von ihr gemalte Porträt besitze ich heute noch – neben noch einem, das Hussein, ein indischer Maler, von mir gemalt hat.

Die Heads besuchten wir noch ziemlich häufig, jedesmal, wenn ich nach Kuala Lumpur flog, um Tunku Abdul Rahman zu besuchen, der mir gegenüber immer sehr freundlich war. Auch stimmten wir in der Meinung überein, daß der Premierminister von Singapur, Lee Kuanyew, ziemlich ruppig sei. «Er will einfach immer gewinnen, selbst beim Golf», sagte Tunku und gluckste vor Vergnügen. Lee Kuanyew legte sich damals mächtig ins Zeug bei dem Versuch, Singapur und

Malaysia zu vereinigen. Die Lage war äußerst verzwickt, und da Lee gleichzeitig kein Hehl aus seiner Verachtung für die Malaien machte, erschien es mir höchst fraglich, ob aus der Wiedervereinigung der beiden Staaten je etwas werden würde – zumal die Zahl der Menschen chinesischer Herkunft in einem vereinigten Malaysia-Singapur die der Malaien durchaus überstiegen hätte ... Ich wußte, daß die Malaysier sehr gegen diesen Plan waren, und sagte das auch. Was mir wohl den Zorn von Lee Kuanyew zugezogen hat und später dazu führte, daß wir diese Weltgegend verließen.

Eines Tages saßen Dorothea, Anthony, Vincent und ich beisammen, und das Thema von Vincents Sohn Peter kam zur Sprache. Vincent wußte, daß Peter ein brillanter Student war, und meinte, es würde gut für ihn sein, wenn er sein Studium an einer englischen Universität abschloß. Woraufhin Anthony sich sogleich erbot, sich für ihn einzusetzen und ein Empfehlungsschreiben für Peter schrieb.

So kam es, daß Peter 1966 nach England ging, um in Rugby seinen Dr.-Ing. zu machen. Und so kam es auch, daß das Schicksal oder Karma sich meiner in Verbindung mit den Heads bediente, Einfluß auf das zu nehmen, was Peter später im Leben zustoßen sollte.

*

Wie bereits erwähnt, war es Vincent endlich gelungen, bei Jardine Waugh in Singapur eine Stellung als Ingenieur zu bekommen. Jeden Tag fuhr er von unserem Haus in Johore Bahru mit dem Auto über die Dammbrücke, die Singapur mit Malaysia verbindet, und zurück. Das waren unbeschwerte Tage, und alles ging gut. Im September/Oktober 1962 wurde ich vom japanischen Außenministerium zu einer vierzehntägigen Rundreise eingeladen, und während dieser beiden Wochen kam es zum Ausbruch der Grenzstreitigkeiten zwischen Indien und China.

Von Malaysia aus rief Vincent mich in Tokio an. Es sei möglich, daß er nach Indien zurückgerufen werde, sagte er. Schließlich sei er einmal Colonel und Ingenieur bei der indischen Armee gewesen und sei, obwohl er 1959 seinen Abschied genommen hatte, immer noch Reserveoffizier. Bei meiner Rückkehr nach Malaysia stellte ich fest, daß die Chinesen genau zum richtigen Zeitpunkt – nämlich nachdem sie die chinesischen Truppen zurückgeworfen hatten, die von Nehru den Befehl vorzurücken erhalten hatten – sich jetzt ihrerseits hinter jene Linie zurückgezogen hatten, welche die umstrittene «Grenze» darstellen sollte. Nun wollten sie verhandeln.

Damals ließ kein Mensch ein gutes Haar an «Rot»-China. Obwohl bald sonnenklar wurde, daß es keine chinesische «Invasion» gegeben hatte, wurden die Dinge von fast der gesamten Weltpresse so dargestellt. Auch die Sowjetunion, die damals auf schlechtem Fuß mit China stand und Indien umwarb, half in dieser Beziehung nicht. Kein Wunder, daß ich die Chinesen in Singapur und insbesondere die Studenten der Nanyang-Universität bei meiner Rückkehr völlig verwirrt vorfand; sie wußten nicht, was sie von der einseitigen und parteiischen Berichterstattung halten sollten. Hatte China das auf so etwas in keiner Weise vorbereitete Indien wirklich hinterrücks überfallen? Unverdrossen verbreitete die Presse von Singapur diese Version der

Ereignisse, eine Version, von der man heute weiß, daß sie nicht der Wahrheit entsprach.

Im Dezember und im Januar wurde ich von Professoren der Nanyang-Universität aufgefordert zu erklären, was wirklich vorgefallen war. Inzwischen hatte ich mich auf beiden Seiten sachkundig und mir die Mühe gemacht, sowohl die indischen Zeitungen zu lesen, die berichteten, Premierminister Nehru habe bereits *zehn Tage* vor der vermeintlichen chinesischen Invasion den Befehl zum Vorrücken gegeben, als mich auch in den chinesischen Zeitungen zu informieren, die in Singapur und Malaysia zwar verboten waren (jeder, der mit einer chinesischen Zeitung erwischt wurde, wanderte für zwei Jahre ins Gefängnis), die man aber über England irgendwie bekommen konnte.

Vincent wurde gebeten, seine Ansichten als Inder darzulegen, doch er sagte nur: «Indien und China sind zwei sehr alte Länder, die auf eine lange Geschichte gemeinsamer Freundschaft zurückblicken können. Es hat ein paar Grenzzwischenfälle gegeben, aber ich bin überzeugt, daß sie in der Zukunft bereinigt werden.» Damit zitierte er Premierminister Nehru selbst, der sich noch vor ein paar Monaten vor dem *Lok Sabah* (dem «Unterhaus» im indischen Parlament) in diesem Sinne geäußert hatte.

Dieser harmlos-unschuldige Satz sollte böse Folgen haben. Denn es war klar, daß da irgend jemand eine Gelegenheit suchte, mir eins auszuwischen. Im Mai 1963 verlängerte Jardine Waugh Vincents Vertrag und gewährte ihm gleichzeitig vier Wochen Urlaub, die Vincent selbstverständlich benutzte, um nach Indien zu fliegen und seine Familie zu besuchen, während ich zurückblieb, um mich um meine Klinik zu kümmern und ein Buch abzuschließen. Bei seiner Rückkehr im Juni verweigerte man Vincent jedoch die Landung in Singapur. Jener mysteriöse «jemand» hatte den Bannstrahl auf ihn gerichtet, und er wurde beschuldigt, «Dinge geäußert zu haben, die das harmonische Zusammenleben der Rassen» störe. Schriftlich bekamen wir nie etwas in die Hand – nichts als die ungreifbaren Worte der ein oder zwei Beamten, an die ich mich wandte ... Später mußten wir dann noch feststellen, daß «jemand» Vincent auch noch «Verrat» am eigenen Land, an Indien, vorgeworfen hatte. Glücklicherweise kümmerte sich die indische Regierung, deren Geheimdienst in Malaysia gut informiert war, nicht um diese Anschuldigungen. Obwohl in manchen Gebieten Indiens (insbesondere in Kalkutta, wo 14000 chinesische Laden- und Restaurantbesitzer eine schwere Zeit durchmachten) eine chinesenfeindliche Hysterie ausgebrochen war, blieb Vincent unbehelligt.

In Malaysia gestattete Tunku Abdul Rahman großzügig, daß Vincent einreiste, doch waren wir uns beide darüber im klaren, daß der Druck weiter anhalten würde. Da er ja nicht über die Dammbrücke nach Singapur hinüberkonnte, hatte Vincent selbstverständlich inzwischen seine Stellung verloren, und so gingen wir fort, zunächst – 1964 – nach Hongkong. Ich trennte mich von der Klinik, das heißt, ich gab nach vierzehn Jahren Praxis die Medizin auf, was mir alles andere als leicht fiel. An die drei Jahre sollten wir in Hongkong bleiben; erst danach rang ich mich zu dem Entschluß durch, in die Schweiz zu gehen, wo ich wirklich unbehindert arbeiten, gleichzeitig aber mit der ganzen Welt in Kontakt bleiben konnte.

Das war der Anfang eines fruchtbaren Ortswechsels; mehr denn je sollte ich imstande sein, kreuz und quer über den Planeten zu reisen – und diesmal zusammen mit Vincent. China, Indien, Südostasien, Europa – und jetzt rief mich auch Amerika. Fast gleichzeitig mit unserer Abreise aus Malaysia erhielt ich eine Einladung zu einer Vortragsreise in die Vereinigten Staaten. Ich vermute, daß der Vietnam-Krieg das Interesse an Asien bei den Amerikanern verstärkte; die Rolle Chinas wurde hitzig diskutiert; außerdem gab es, wie ich herausfinden sollte, heiße Debatten über die Folgen des Vietnam-Kriegs.

Ich bezweifle, daß ich, wenn ich in Malaysia geblieben wäre, so flexibel geworden wäre, so sehr dazu imstande, mich zu bewegen und frei zu bestimmen, wohin ich wollte. Vincent und ich verbrachten in Hongkong drei glückliche Jahre, in deren Verlauf ich viele Vorträge hielt und auch ein paar Bücher schrieb. Danach übersiedelten wir nach Europa, und hier wurde Lausanne zu meinem Ausgangspunkt, doch bedeutete das selbstverständlich, daß wir Wochen, ja ganze Monate in Paris und London und natürlich auch in den Vereinigten Staaten zubringen konnten.

So kam es, daß Peter, der einige Zeit in England studiert hat, im August 1967 in Paris landete – und zwar in genau dem Augenblick, als sein Vater zu Appas Geburtstag nach Indien abflog. Appa hatte am 15. August Geburtstag, und Vincent war sein Leben lang bemüht, diesen nie zu verpassen. Selbstverständlich war ich manchmal nicht dabei, und im Jahre 1967 war mir nun einmal nicht danach, in Indien zu frohlocken und zu jubeln, denn die Kulturrevolution in China, die im Jahr zuvor begonnen hatte, erreichte jetzt einen

Höhepunkt, und man hatte mir gerade ein Visum für die Einreise nach China verweigert...

Mir war deshalb ziemlich elend zumute; außerdem stand ich unter dem Druck, ein Buch beenden zu müssen, als Peter in Paris landete.

Der August in Paris ist etwas Wunderbares. Viele Pariser sind in die Ferien gefahren; die Zurückgebliebenen sind frei von Barschheit, jenem wenig umgänglichen Benehmen, das sich diese schwer arbeitende und so überaus lebhafte Bevölkerung um den Juni herum zu eigen macht, wenn die Ausländer die Stadt überschwemmen und die Pariser sich nach ihren Ferien sehnen. Paris im August ist milde gestimmt, und die Bäume bewegen ihr dichtes Laub in der Abendbrise. Es scheint, als wäre Paris dann nicht voll von Touristen, und wiewohl die Restaurants geschlossen haben, bieten sich die Boulevards nachts in ihrer ganzen Schönheit dar, erstrahlt Notre Dame im sanften Licht der Scheinwerfer, enthüllt sich die Schönheit von Pantheon und Eiffelturm. All dies bewirkt, daß man glücklich ist und sich seines Lebens freut.

«Hallo», grüßte Peter und trat ein. Ein gutaussehender, großer junger Mann, nicht ganz so drawidisch aussehend wie sein Vater und auch nicht ganz so dunkelhäutig. Er hätte ohne weiteres als Spanier, Portugiese oder auch als Levantiner durchgehen können. Er hatte eine wesentlich hellere Haut als Vincent, was vielleicht an seiner Mutter Caro lag, die zweifellos portugiesisches Blut in den Adern und ganz gewiß auch englische Ahnen hatte. Nachdem ich ihm sein Zimmer und das Bad gezeigt hatte, packte er aus und hüllte sich in ein unerschütterliches Schweigen, das es für mich zu durchbrechen galt.

Warum er hergekommen sei? Weil er Ferien habe. Er wolle bis zur Rückkehr seines Vaters hierbleiben. Nein, ihm fehle nichts. Er schmökerte in meinen Büchern, stieß auf ein französisch-englisches Wörterbuch und stürzte sich hinein.

Er spann sich in sein Schweigen ein wie eine Seidenraupe in ihren Kokon. Zuerst machte mir das nichts aus. Die jungen Leute in Indien lernen, in Gegenwart von Älteren den Mund zu halten. Einsilbig gab er Antwort auf meine Fragen nach seiner Reise, ob er etwas zu waschen habe («nein»), oder ob er einen besonderen Wunsch fürs Abendessen habe («nein»). Dabei hatte ich das Gefühl, daß es ihn größte Mühe kostete, *nicht* mit mir zu reden. Schüchternheit, vielleicht. Schließlich waren wir Fremde. Vielleicht beobachtete er mich. Doch auch nach einem weiteren Tag antwortete er zwar höflich und genau, aber ohne ein Wort zuviel zu sagen – etwa auf Fragen, ob er gut geschlafen habe («Ja, vielen Dank»), ob er Tee oder Kaffee wolle oder ob er den *Guide de Paris I* durchgesehen habe, den ich ihm in die Hand gedrückt hatte. Woraufhin ich für mich den Schluß zog, er warte wohl darauf, daß ich etwas unternehme, daß ich den ersten Schritt machte und die Mauer der Wortlosigkeit durchbrach, die er um sich herum errichtete.

«Warum sagst du nichts, Peter?»

Verwundert sah er auf. «Ich weiß nicht, was ich sagen soll.»

«Das stimmt. Du weißt nicht, was du sagen sollst. Weil es sein könnte, daß du etwas Dummes sagst – ist das der Grund?»

«Nein, es ist...» Er sah mich an, wandte den Blick

dann ab und überlegte sich jedes Wort, das er sagte: «Ich finde es komisch, hier zu sein. In Paris.»

Ich machte Spaziergänge mit ihm, Spaziergänge durch das wunderbare Paris im August. Ich redete, wurde zu einer beredten und wortgewandten Fremdenführerin. Wir gingen in den Louvre und in die Tuilerien, er mußte sich Bilder und Skulpturen ansehen. Wir spazierten die Champs-Élysées hinauf und hinunter, betraten Buchhandlungen und kauften Taschenbücher. Wir setzten uns in kleine Restaurants, und ich brachte ihn dazu, Schnecken zu essen. Er sagte: «Ich habe noch nie Schnecken gegessen.»

«Nun, jetzt hast du welche gegessen.»

Zwischen den kleinen Ausflügen arbeitete ich an meinem Buch, und da meine Zugehfrau Urlaub hatte, machten Peter und ich die Wohnung sauber. Dabei war er mit unglaublicher Gründlichkeit bei der Sache. Ich bat ihn, meine Bücher abzustauben, und er tat es – eines nach dem anderen; was Wunder, daß er fast drei Tage dazu brauchte. Irgendwie brachte er es fertig, sich dermaßen still zu verhalten, wenn er in seinem Zimmer saß, daß es mich ganz nervös machte. Lautlos schloß er die Türen; ich hörte weder, wie die Klinke heruntergedrückt wurde, noch wie der Schlüssel ins Schloß glitt und umgedreht wurde. Er war zwar da, war aber bemüht, den Eindruck zu erwecken, als wäre er es nicht – nur war er übertrieben vorsichtig. Dabei konnte ich mich die ganze Zeit über nicht des Gefühls erwehren, daß er mich im Grunde etwas ganz Bestimmtes fragen wollte.

Einen Vorteil hatte ich – daß sein Vater nicht da war. Was infolgedessen fehlte, war eine Autorität oder vielmehr *die* Autorität. Bei meinen Indienaufenthalten mit

Vincent war das Grundmuster der Autorität immer spürbar vorhanden gewesen. Seine Brüder und Schwestern suchten seinen Rat und widersprachen ihm selten – nein: nie! Ihre Frauen oder Männer schienen sich Vincents Autorität unweigerlich zu unterwerfen. Und was die jüngeren Familienmitglieder betraf, gaben die Vincent ohnehin keine Widerworte. Der einzige Mensch, der Vincent offen und hartnäckig herausforderte, der ihm widersprach und zusetzte, war ich.

«Streitet ihr denn nie mit Vincent?» hatte ich eines Tages in Madras gefragt, als der Curryduft appetitmachend vom Tisch herüberwehte und die letzte Rommé-Party des Abends gespielt wurde.

Vincent hatte mich stolz mit seinem strahlenden, amüsierten, liebevollen und aufreizenden Lächeln bedacht und etwas auf Tamil gesagt, das vermutlich soviel bedeutete wie: «Schau, schau – seht sie euch an, sie muß aber auch alles in Frage stellen ...» Er freute sich, daß ich Schwung besaß und Mumm hatte und die einzige war, die sich gegen ihn auflehnen durfte. Und selbstverständlich besagte dies Lächeln auch: Wehe, wenn das sonst noch jemand in der Familie wagt. «Schaut, was für eine amüsante Person ich euch gebracht habe», schien das Lächeln zu besagen. Alle sahen mich wohlwollend und liebevoll an und sprachen dann von etwas anderem ...

Ich wollte nicht, daß Peter in meinem Hause diese Haltung einnahm, daß er mir gegenüber nicht den Mund aufmachte und seine Gedanken für sich behielt.

Peters Schweigen, dachte ich, steht ganz in Einklang mit dem ständigen «Ja, Daddy», mit dem Michael und er allem und jedem zustimmten, was ihr Vater sagte. «Ja ... ja ...» Und jetzt kam dieses «Ja» von Peter mir gegenüber, und er gab zu verstehen, daß er meine Stimme durchaus gehört hatte. Wir schlenderten am Seineufer entlang; ich fragte ihn, ob er die Themse gesehen habe. «Ja.» Wir betraten Notre Dame und kamen wieder heraus. Wir kauften ein, kochten – und am fünften Tag fand ich, daß ich ihm genug Zeit gelassen hatte.

Nach einem ausgezeichneten Mittagessen (wieder Schnecken als *Hors d'œuvres*) unternahm ich meinen Vorstoß. «Ich nehme an, es fällt dir schwer, Peter, mit mir zu reden. Wahrscheinlich nimmst du es mir übel, daß ich den Platz deiner Mutter eingenommen habe.»

Er betrachtete die Schneckenhäuser, die er fein säuberlich auf dem Tellerrand aufgereiht hatte. Bedächtig nickte er. Sein ganzer Körper veränderte sich, verlor etwas von seiner Verkrampftheit, schien sich zu straffen.

«Ja, ich habe dich gehaßt. Als ich heranwuchs. Wegen Mummy.»

Unendlich viel später – achtzehn Jahre danach, im Jahre 1985 – sollte er es mir in jener Klarsichtigkeit und Erbarmungslosigkeit ungebremster Emotionen, die die Krankheit mit sich gebracht hatte, endlich sagen: «Ja, weißt du, als die Leute hörten, daß Daddy und Mummy sich scheiden ließen, behandelten sie uns wie Aussätzige ...» Und dann: «Warum mußtest du kommen und uns so sehr weh tun?»

Doch schon damals in Paris versuchte ich, die Haßgespenster der Vergangenheit auszutreiben, und so sagte ich zu Peter:

«Aber jetzt haßt du mich nicht mehr. Du haßt mich nicht, und es fuchst dich, daß du mich nicht hassen kannst.»

Er gab keine Antwort, schien sich jedoch abermals zu verkriechen – wie eine Schnecke, die sich in ihr Schnekkenhaus zurückzieht.

«Deine Mutter tut mir leid. Es ist nicht ihre Schuld, sondern meine. Wir müssen alle lernen, uns nie zu rechtfertigen. Weder im Namen der Liebe, noch im Namen von irgend etwas anderem. Ich rechtfertige mich also nicht. Ich finde mich damit ab, daß auch ich Böses tue. Aber du bist nun mal hier, und du bist gekommen, weil du herausfinden wolltest, wie ich bin. Und jetzt bist du wütend auf dich, weil du mich nicht so haßt, wie du meinst, daß du mich eigentlich hassen müßtest.»

Er konzentrierte sich auf seine Schneckenhäuser. Am nächsten Morgen kam er mit einem kleinen, unbeholfen in der Hand gehaltenen Veilchensträußchen: «Für dich.»

Vielleicht würde Peter lernen, mit den widerstreitenden Gefühlen zurechtzukommen, die er mir entgegenbrachte. Leicht jedoch würde das nicht sein. Dazu war er bei allem, was er tat, viel zu verbissen und zu ehrlich – besessen von der Forderung nach Integrität, die Vollkommenheit in allem seinem Tun verlangte. Mit weniger als Vollkommenheit in dieser Beziehung konnte er sich einfach nicht abfinden. Es fiel ihm schwer, denselben Menschen gleichzeitig zu lieben und zu hassen.

«Du solltest deinen Vater nicht hassen, Peter.»

«Daddy hat seinen Willen immer durchgesetzt.»

«Das liegt nur daran, daß keiner von euch sich ihm widersetzt.»

Peter wandte den Blick ab.

Wir spielten Scrabble. Er brauchte zehn, fünfzehn Minuten, bis er den nächsten Buchstaben ansetzte. Er überlegte gründlich, ging im Geist alle Möglichkeiten durch, kalkulierte, zögerte. War weder impulsiv noch ungeduldig. Hatte Angst, geschlagen zu werden. Besorgnis beschlich mich, als ich ihn beobachtete. Wie sollte Peter bei dieser Art zu fühlen und zu denken jemals mit der unendlichen Fülle von – kleinen und großen – Betrügereien und Unredlichkeiten fertig werden, aus denen das Leben – und die Liebe – besteht? Denn Liebe gedeiht nur in einem Bereich von Halblügen. Beflissenen, geliebten Lügen . . .

«Es ist doch nur ein Spiel, Peter, nun mach schon!»

Nicht so für Peter. Er zerschnitt sein Steak in kleine, gleich große Stücke, ehe er es aß. Reduktion aller Dinge auf überschaubare Happen und Blöcke. Die Ringellocken, Little Lord Fauntleroy, von dem erwartet wurde, daß er beste Zeugnisse mit nach Hause brachte. Daß er makellos war! Peter, der kein Unrecht tun konnte!

Die Religion machte ihm zu schaffen. Ursprünglich habe er Priester werden wollen, hatte sein Vater mir erzählt. «Nichts da, du wirst Ingenieur!» hatte Daddy erklärt.

«Ja, Daddy.»

Jetzt sagte er: «Ich hatte Priester werden wollen, Suyin. Aber dazu war ich nicht gut genug.»

«Hast du eigentlich Freundinnen, Peter?» Wir waren auf dem Weg zu einer Spätvorstellung in einem der kleinen französischen Kinos; im August bekam man im Kino immer noch einen Platz.

«Warum fragst du?» Ein zaghaftes Lächeln auf dem Gesicht, wandte er mir den Blick zu. Dann griff er aus, strebte fort von mir.

«Nun, es ist doch nur natürlich . . .»

Unvermittelt vergrub er die Hände in den Taschen. «Darüber kann ich nicht reden.»

«Brauchst du ja auch nicht. Ich habe ja nur gefragt.» Und dann fing ich wider besseres Wissen an, unbekümmert von den Liebhabern und Ehemännern zu erzählen, die ich vor seinem Vater gehabt hatte. «Glaub mir, Peter, manche haben Glück, und bei denen ist die erste Liebe auch die letzte Liebe; andere hingegen hören nie auf, sich zu entwickeln und geraten dann an das Ende eines Menschen, einer Liebe.»

Inzwischen war sogar so etwas wie ein Gespräch zwischen uns möglich, falls man einen Wortschwall auf der einen und Wortkargheit auf der anderen Seite ein Gespräch nennen will.

Da sagte Peter etwa: «Empfängnisverhütung mit künstlichen Mitteln ist eine Todsünde.»

«Ich dagegen meine, daß es wahrhaft mörderisch ist, einer Frau ungewünschte Kinder anzuhängen, Peter.»

Darüber sann er dann nach. Tagelang. Zwei Monate später, bei einem anderen Besuch, erzählte er mir, er sei *für* Empfängnisverhütung. «Allerdings glaube ich, zulässig ist sie nur durch Selbstbeherrschung.»

«Ich glaube, du verlangst zuviel von den Menschen.»

Er überlegte und lächelte. «Ich meine, jeder in unserer Familie hat Empfängnisverhütung praktiziert», sagte er und gluckste in sich hinein. Aber weiter wollte er sich nicht darüber auslassen.

Patricia kam, schön wie eh und je, zu einem weiteren Besuch und begann ihr Medizinstudium. Sie war auch eine gute Hockey-Spielerin und konnte sich unbändig freuen. Zusammen mit Vincent und ein paar Freundinnen machte sie eine Italienreise. Und wieder wurde ich richtig wütend.

«Vincent, du machst das ganze Gefühlsleben deiner Tochter kaputt ... du mußt dafür sorgen, daß sie sich von dir löst.»

Aber ich ging viel zu freudianisch an die Sache heran. Die Beweglichkeit und Flexibilität einer Großfamilie umfaßt und versteht in ihrem Schoß dunkel alle diese Phänomene und wird auf ihre Weise mit ihnen fertig. Ich machte Patricia bei ihrer Rückkehr unmißverständlich klar, daß sie nie erwachsen werden würde, wenn sie es nicht schaffte, sich ein wenig von «Daddy» zu lösen.

«Du hast recht», sagte Patricia. «Ich darf mich nicht mein Leben lang an Daddy klammern. Darüber bin ich mir im klaren.» Großartige Patricia! So *lucide* denken zu können, sich über sich selbst so klar zu sein! Auf diese Weise errang sie meine ganze Achtung und Liebe. Sie besaß den Mut und die Klugheit, sich einer Situation zu stellen – und reagierte sofort. Bei Peter hingegen würde ich immer warten müssen, sehr lange sogar.

Ich hatte keinerlei Bedenken, ein- oder zweimal in Madras laut zu verkünden, daß die indische Großfamilie etwas fundamental Inzestuöses beinhalte. Das trifft mehr oder weniger auf alle Familien zu, doch bilden Großfamilien eine Welt von Gefühlsbindungen eigener Art; das ganze Ausmaß des Zusammengeschmiedet- und Miteinander-Verflochtenseins hat bis jetzt noch kein indischer Schriftsteller ganz zu erforschen gewagt. Wo die Geschwisterbindungen derart stark ausgeprägt sind, sind es auch die Beziehungen zwischen Vätern und Töchtern sowie zwischen Müttern und Söhnen. Man hat mir von einer indischen Mutter erzählt – und die Geschichte beruht auf der Wahrheit –, die ihren Sohn bis zu seinem Hochzeitstag in ihrem Bett schlafen ließ. Und in der Nacht nach der Hochzeit ließ sie, nachdem sie sich bei Wahrsagern Rat geholt und herausgefunden hatte, daß die Stunden der Dunkelheit unglückverheißend wären, ihren Sohn an ihrer Seite schlafen, während die junge Braut die Nacht auf einer Schlafmatte auf dem Schlafzimmerboden zubringen mußte.

Mein Freund Saraswathi, ein Brahmane, erzählte mir, daß eine Mutter und ihre Schwestern die männlichen Kinder untereinander weiterreichen, um sie zu streicheln, insbesondere ihre Genitalien, denn durch die Lingam-Verehrung – also den Kult des erigierten Penis – werden solche Liebkosungen zu religiösen Handlungen, zu Gebeten.

«Inzestuös», hatte ich laut erklärt, «emotional natürlich nur, nicht in der Praxis. Aber ihr müßt es wissen.»

Woraufhin die Familie mich angestarrt und den Kopf «zustimmend nickend» hin und her bewegt hatte und kein bißchen aufgebracht oder schockiert gewesen war.

«Stimmt», hatte Basil, Vincents Bruder, grinsend gesagt. Er und ich, wir verstanden uns besonders gut. «Es stimmt wirklich.»

Patricia hatte in der Scheidungsangelegenheit auf «Daddys» Seite gestanden. Was immer Daddy tat, es konnte einfach nicht unrecht sein.

Ich war es, die sie später mit ihrer Mutter aussöhnte. «Da gibt es weder Recht noch Unrecht, Patricia. Da gibt es nur die Situation.» Und als Patricia mich 1975 zu ihrer eigenen Hochzeit einlud, sorgte ich dafür, daß auch ihre Mutter dabei war und die Glückwünsche der Gäste entgegennahm.

So lernte ich gleichsam ruckhaft und ausschnittsweise «die Kinder» kennen. Zwischen zwei Büchern, gemeinsamen Reisen mit Vincent, Vortragsreisen und China-Aufenthalten nahm ich mir die Zeit, mich bei der Familie blicken zu lassen und die Kinder zu besuchen.

Peter und ich kamen gut miteinander aus, was vielleicht daran lag, daß er wie sein Großvater Appa besonders an gesellschaftlichen Problemen interessiert war – und wie ich auch. Vielleicht hatte es aber auch den Grund, daß er – wie ich – von dem Wunsch besessen war, möglichst immer gute Arbeit zu leisten. Appa jedoch hatte eine unendliche Toleranz besessen und war eklektisch an das Leben herangegangen. Ich selbst wußte aus eigener Erfahrung nur allzugut, daß die besten Theorien schiefgehen und gute Absichten böse Folgen zeitigen können. Ich erwartete von anderen nie zuviel. Peter hingegen trachtete nach ungeteilter, kompromißloser Vollkommenheit. Fehler von Menschen, die er liebte, schmerzten ihn, obwohl eine angeborene Sanftmut und die natürliche Fähigkeit, anderen herzliche Gefühle entgegenzubringen, ihn im allgemeinen beschwichtigten. Ich glaube, er fühlte sich in gewisser Weise für die schlechten Taten anderer verantwortlich. Hoffentlich nicht auch bei mir. Ich habe den Verdacht (und vielleicht klärt er mich in ein paar Jahren auf, ob ich mit meinem Argwohn recht hatte oder nicht), daß Peter zu Gott gebetet hat, meine Seele zu retten, und vielleicht, ja, vielleicht hat er sich sogar selbst als Opfer angeboten, alle Sünder zu erlösen – aber ich weiß nicht, ob es so ist.

4. KAPITEL

ÜBER Peter zu schreiben, heißt auch, über mich selbst zu schreiben. Denn wenn Schriftsteller jemanden beschreiben, fließen selbstverständlich ihre eigenen Reaktionen auf den Charakter, dem sie nachspüren, ein. Peters Schicksal ist mit dem meinen verknüpft, denn ich habe eingegriffen und, was die Gestaltung seiner Zukunft betrifft, entscheidende Anstöße gegeben. Karma! Jetzt war wieder ich Ursache, daß er in Europa blieb, um dort ein paar Jahre als Ingenieur zu arbeiten.

Mein Freund Frederic Dahlmann, den ich seit 1954 kannte, kam 1967 zum Essen zu uns. Dahlmanns Vater, ein deutscher «China-Kaufmann», hatte seinen Sohn Frederic 1935 nach China verfrachtet. Hitler war in Deutschland an die Macht gekommen, und Vater Dahlmann machte sich größte Sorgen, denn der junge Freddi war Mitglied einer deutschen Linkspartei – etwas, das in den dreißiger Jahren bei jungen Leuten aus guter Familie sowohl in Deutschland als auch in England regelrecht Mode gewesen war.

Jetzt wurde Jagd auf Juden und Kommunisten gemacht. Die Dahlmanns scheinen ihr Vermögen rechtzeitig ins Ausland gebracht zu haben, einen Großteil nach Schweden, manches nach Schanghai. Der junge Freddi sollte viele Jahre hindurch in Schanghai bleiben – bis 1951, zwei Jahre, nachdem die kommunistischen Armeen unter Mao Zedong 1949 die Macht übernommen hatten.

Freddi Dahlmann hatte seine idealistischen Vorstellungen von einer Welt der absoluten Gleichberechtigung nicht aufgegeben, auch wenn er diese mit den gerissensten und erfolgreichsten kapitalistischen Geschäftspraktiken in Einklang zu bringen verstand. Wie Armand Hammer und andere «rote Kapitalisten» half er einerseits den neu entstandenen Welten in Sowjetrußland und in Rotchina und verschaffte andererseits westlichen Geschäftsleuten überaus vorteilhafte Verträge. In Schanghai half er unter anderem so manchem verfolgten Kommunisten und rettete ihm während der Militärdiktatur von Tschiang Kai-schek das Leben. Doch als die Kommunistische Volksbefreiungsarmee 1949 in Schanghai einmarschierte, wurde er verhaftet. «Sie wußten weder, wer ich war, noch was ich getan hatte», sagt Freddi und kichert heute noch in sich hinein, wenn er an jene Tage zurückdenkt, da er mit Handschellen gefesselt ins Gefängnis geworfen und ihm befohlen wurde, seine Verbrechen zu gestehen. Als jedoch einige höhere Parteimitglieder ihn als einen vertrauenswürdigen Geschäftsmann erkannten, der einigen von ihnen sogar das Leben gerettet hatte, wurde er freigelassen. Während des Korea-Kriegs hatte Freddi Dahlmann wie noch ein paar andere Geschäftsleute aus Europa und Hongkong ohne jeden Aufhebens trotz des totalen amerikanischen Einfuhrverbots, demzufolge nicht einmal humanitäre Hilfsgüter nach China gelangen durften, ein paar nützliche Dinge dorthin gebracht – wie zum Beispiel Penicillin.

Freddi hatte aus verschiedenen Ehen eine ganze Reihe von Söhnen und Töchtern. Seine Familie stellte ein faszinierendes Völkergemisch aus Deutschen, Belgiern, Schweizern, Schweden und sogar Afrikanern dar.

Schon so manches arme Land hat festgestellt, daß Freddi Dahlmann und seine Söhne (denn auch sie sind mittlerweile in das von ihrem Großvater gegründete Familienunternehmen eingetreten) gewinnträchtige industrielle Pläne entwickeln und sich als nützlich erweisen, wenn es gilt, vorteilhafte Darlehensbedingungen für sie auszuhandeln.

Freddi Dahlmann und seine Söhne sind ständig unterwegs. Ich sollte Freddi in Hongkong, Paris, London oder Peking, Singapur oder Brüssel treffen. China stellte ein Bindeglied zwischen uns dar, denn er hatte viele Jahre dort gelebt. Seine Häuser waren angefüllt mit kostbaren Antiquitäten. Wie Armand Hammer war er ein Sammler mit ausgeprägtem Geschmack, einer, der etwas von den Dingen verstand, die er zusammentrug. Er konnte hinreißend erzählen und würzte das Berichtete mit Anekdoten aus jedem Land, wo er Geschäfte gemacht, vom Telephon bis zum Teer alles gekauft oder verkauft und dabei Gott und die Welt kennengelernt hatte, von Staatspräsidenten bis zu den Roten Garden. Wir liefen uns in Paris in die Arme, und es schien nur natürlich, daß Freddi nach einem angenehmen Essen im *Grand Vefour* zu Vincent sagte: «Schicken Sie uns Ihren Sohn, Vincent. Wir brauchen tüchtige Ingenieure aus Asien. Wir möchten sie ausbilden, damit sie uns bei der Ausweitung unserer Aktivitäten helfen. Peter wäre uns bestimmt nützlich, und er hätte bei uns eine gute Zukunft.» Freddi war sich des Bedarfs an Technikern in China, Indien und Afrika sehr wohl bewußt. Dort würden westliche Geschäftsleute über kurz oder lang nach wachsenden Märkten Ausschau halten. Auch Vincent war der Meinung, daß Peter eine solche Erfahrung nur gut tun könne. Mit einiger Auslandserfahrung würde er in Indien hohes Ansehen genießen und für jede indische Firma von großem Nutzen sein. Außerdem waren indische Ingenieure in Zaire, Libyen, dem Iran und anderen Ländern akzeptabler als technisches Personal aus Amerika oder Europa.

Freddi bot Peter also einen Ausbildungsjob an, zunächst bei der ACEC, einer belgischen Hoch- und Tiefbaufirma mit Sitz in Charleroi und mit Verbindungen zu amerikanischen und anderen Firmen. Die ACEC war in viele Projekte in Übersee involviert, von denen manche in Gebieten verwirklicht wurden, in denen europäische Techniker es der kulturellen Unterschiede wegen nicht so leicht hatten. Auch gab es problematische Gebiete in der Welt, wo die Frauen des technischen Personals es schwer hatten zu leben, und Peter war bis jetzt unverheiratet.

Ende 1968 ging Peter also nach Belgien und wurde dort bis 1970 praktisch ausgebildet. In dieser Zeit besuchte er mich mehrere Male und stand dann vor meiner Wohnungstür in Lausanne, wo ich seit 1969 ansässig war. Dabei brachte er jedesmal Geschenke mit: ein goldenes Dunhill-Feuerzeug, einen Schal von Hermes, eine marokkanische Tasche aus seidenfeinem Leder. Und dann unterhielten wir uns: über Politik und Menschen, über China und Indien, über den Vietnam-Krieg, über Musik... Freilich, wenn ich sage, wir unterhielten uns, bedeutet das, daß er Fragen stellte, auf die hin ich versuchen mußte, ihm die Zusammenhänge zu erklären. In mancher Hinsicht war er sehr naiv und wollte nicht einsehen, daß die Angelegenheiten der Menschen in der Welt nie geradlinig laufen oder daß Politik ein schwieriges Geschäft ist, bei dem man nur auf Umwegen sein Ziel erreicht. Er redete nie viel, aber jetzt vielleicht mehr, als er je zuvor mit jemandem, der älter war als er, überhaupt geredet hatte. Auch fiel es ihm jetzt leichter, sich mit seinem Vater über technische Dinge und über seine Freunde in Belgien zu unterhalten. Er schien sich zu lockern, doch von sich selbst redete er nicht viel. Er war stets ungeheuer hilfsbereit, erbot sich ständig, irgendwelche Dinge für mich zu erledigen, fragte mich aber nie nach meiner Arbeit. Für ihn war die Tatsache, daß ich schrieb, offenbar etwas, das von seiner Seite aus keinerlei Kommentars bedurfte und das er nie in Frage stellte. Daß er in bezug auf manches einfach nicht neugierig war – etwa was den schöpferischen Prozeß oder psychologische Motivationen betraf –, lag vermutlich daran, daß er sich ganz auf das Ingenieurwesen und die Mathematik geworfen hatte. Aber er beobachtete, auch wenn er aus diesen Beobachtungen noch so falsche Schlüsse zog. Fünfzehn Jahre später, 1985, brach es aus ihm heraus, als ich eines Tages einen Abendspaziergang mit ihm machte:

«Weißt du, als ich zuerst bei euch wohnte ... sah ich Daddy und dich streiten und euch ständig diskutieren ... ich hatte nie gedacht, daß Ehepaare soviel miteinander streiten. Ich war überzeugt, daß eure Ehe nicht halten würde ... höchstens zwei, drei Jahre ...» Fassungslos schüttelte er den Kopf, immer noch überzeugt, daß man sich in einer richtigen Ehe nicht so verhielt. «Aber es sind doch die Paare, die sich nie streiten und bei denen es nie kracht, die alles immer runterschlukken, deren Ehe nicht hält», sagte ich. Woraufhin er lachte, den Kopf in den Nacken warf und – immer noch voll Staunen – ein paar Schritte vorauseilte, damit kämpfte, die alten Geister nicht hochkommen zu lassen und die vorgefaßte Meinung darüber, wie die Mann-

Frau-Beziehung auszusehen hätte, mit der Beziehung in Einklang zu bringen, wie er sie zwischen seinem Vater und mir erlebte.

Ich hatte auch noch eine Wohnung in den Schweizer Bergen, in Flims, einem kleinen Ort in den Graubündener Alpen, einem der schönsten Wintersportorte der Schweiz. Freddi Dahlmann besaß zwei große Chalets in Flims, seine Schwester hatte zwei Wohnungen dort, und so war es nur natürlich gewesen, daß auch ich mir dort eine Wohnung nahm. Im Sommer und zu Weihnachten versammelten sich die Dahlmanns in Flims; es wurden Geburtstage und anderes gefeiert, und ich konnte in der Ruhe des verschneiten Bergrunds, in dessen Mitte Flims lag, auch gut arbeiten. Die Stille dort war, zumal außerhalb der Saison, da man auf den Bergpfaden keinem Menschen begegnete, so unendlich tief, daß die Ohren ganz besonders geschärft wurden. Ich konnte eine Drossel das Gefieder schütteln und ein Eichhörnchen die Fichten hinaufhuschen hören.

Die Jahre von 1968 bis 1970 waren für mich sehr produktiv, aber es waren auch Jahre einer geheimen Angst. Die Kulturrevolution nahm ihren Gang; Freddi Dahlmann war in China gewesen, mir jedoch hatte man 1967 und 1968 das Einreisevisum verweigert, und es wurde das Gerücht verbreitet, ich sei eine «amerikanische Agentin».

1968 wurden der amerikanische Schriftsteller Edgar Snow (auch er durfte nicht nach China einreisen, obwohl er das ausgezeichnete Buch *Roter Stern über China* geschrieben hatte, durch das Mao Zedongs Leistung bei der Führung der Volksbefreiungsarmeen sowie der berühmte «Lange Marsch» in der ganzen Welt bekanntgemacht worden waren) und ich aufgefordert,

Vortragsreisen durch die USA zu unternehmen; damals machte es sich bemerkbar, daß man in Washington in der Außenpolitik umzudenken lernte. Der Vietnam-Krieg zog sich hin. Einige Geschäftsleute fingen an zu murren, das ganze Geschäft mit China werde an Europa fallen; und in Europa selbst muckte man auf gegen die Restriktionen, die die Amerikaner den Verbündeten auferlegten, wenn es darum ging, bestimmte Güter in kommunistische Länder zu liefern – und das besonders, seit General de Gaulle die Volksrepublik China 1964 offiziell anerkannt hatte.

1969 wurde ich von dem chinesischen Botschafter in Paris wieder eingeladen, nach China zu reisen. «Die Verhältnisse bessern sich», sagte er vage. Vincent konnte mich nicht begleiten; die indischen Pässe waren wegen des Grenzkonflikts im Jahre 1962 von den indischen Behörden, soweit es die Einreise nach China betraf, ungültig gemacht worden. Infolgedessen flog ich allein hin und blieb diesmal fast drei Monate lang; und wurde, als ich nach Europa zurückkehrte, gebeten, eine Botschaft an General de Gaulle zu überbringen, mit der er eingeladen wurde, Peking zu besuchen. Leider schien das französische Außenministerium die Nachricht nicht ernst zu nehmen, so daß ich mich schließlich an einen persönlichen Freund von de Gaulle wandte, den Wirtschaftswissenschaftler Jacques Rueff. Zeit verging, und als de Gaulle die Nachricht schließlich übermittelt bekam, war er krank und starb bald darauf.

Peter kam und ging, und es war immer sehr angenehm, ihn um sich zu haben; er war für mich so etwas wie der Sohn, den ich selbst nie bekommen hatte. Ich nahm ihn auf die Schippe und unternahm Spaziergänge mit ihm; er machte einen glücklichen Eindruck. Während eines dieser Gastspiele, die Peter bei uns gab, erhielt ich aus Belgien einen an mich adressierten Brief, der von einer jungen Frau, Y..., stammte, die in diesem Brief erklärte, Peter heiraten zu wollen. Sie liebe ihn, und sie bat mich, ihr zu helfen.

«Unsinn», erklärte Vincent kurz und bündig. «Beantworte den Brief nicht. Das ist sowieso Peters Sache.»

«Aber das Mädchen scheint verzweifelt.»

Ich wandte mich direkt an Peter. «Wer ist sie, Peter? Hast du mit ihr geschlafen? Möchtest du sie heiraten?«

«Ich habe mit ihr geschlafen, aber heiraten will ich sie nicht.»

Woraufhin ich sagte: «Na, da bin ich jedenfalls froh, daß du dich endlich dazu durchgerungen hast, dir eine Freundin anzuschaffen.»

Das Gesicht verschlossen, sah er weg. Er hatte etwas Böses getan; seiner Erziehung und seinen religiösen Verhaltensnormen nach galt das, was er getan hatte, als Sünde. Er war gestrauchelt, das Ganze war ein Makel; er wollte alles daran setzen, sich von diesem Makel zu befreien. Was gleichbedeutend damit war, ihn nicht anzuerkennen.

«Ich will sie nicht heiraten.»

«Wenn du nicht willst, kann ich nichts weiter dazu sagen. Aber ich nehme an, du warst ohnehin nicht ihr erster Freund, oder?»

Ich war gerade für zwei Tage unterwegs, als das Mädchen bei uns klingelte und auf mich wartete – mehrere Stunden lang, wie ich bei meiner Rückkehr von der Hausmeisterin erfuhr. Hausmeisterinnen klatschen für ihr Leben gern. In ihren Augen blitzte es vor unbefriedigter Neugier. «Eine Frau hat auf Sie gewartet. Ich habe ihr gesagt, daß Sie nicht da wären.» Was sonst zwischen ihnen gesprochen wurde, werde ich nie erfahren.

Peter muß geredet, dem Mädchen von mir erzählt, ihr meinen Namen und meine Adresse gegeben haben. Jedenfalls hat er von mir gesprochen. Warum? Doch wie hätte sie mich sonst finden sollen? Warum hatte er von mir erzählt? Und was hatte er von mir geredet?

«Ich will sie nicht heiraten», sagte Peter. Das Gesicht erstarrte zu einer abweisenden symmetrischen Maske aus Knochen und Muskeln unter olivfarbener Haut. Weiter waren Abwehr und Unzugänglichkeit kaum zu treiben. Es gab keine Möglichkeit, ihn umzustimmen. Ach, Peter!

Obwohl Vincent dagegen war, schrieb ich dem Mädchen einen Brief, denn ich fand, als Frau müsse ich einer anderen Frau einfach helfen. Ich schrieb ihr, Peter scheine entschlossen, sie nicht zu heiraten, daß dies etwas sei, wo ich ihn zu nichts zwingen könne; und daß es mir leid tue. Ich gab Vincent den Brief, damit er ihn einstecke. Ob er sie wohl je erreicht hat? Oder ob Vincent für sich entschied, es sei in Peters bestem Interesse, wenn ich nicht antwortete? Das mußte ich ihm überlassen. Er war das Familienoberhaupt. Der Vater.

«Wenn du wieder in Belgien bist, versuch zu irgendeinem Einvernehmen mit ihr zu kommen», sagte ich zu Peter.

Die Ausbildung, die Peter bei der ACEC genoß, lief nicht ganz reibungslos ab. Manche der Schwierigkeiten mußte man auf die belgischen Ausbilder schieben, die ihn auf einer Ebene einsetzten, wo er überqualifiziert war; seine in Indien erworbenen Grade, die in England anerkannt wurden, hätten ihn für höhere Aufgaben qualifiziert. Peter jedoch weigerte sich, sich zu beschweren oder zu protestieren, was mich verwunderte. «Warum unternimmst du da nichts, Peter? Es gefällt dir nicht, du erzählst das deinem Vater, aber du kannst nicht erwarten, daß dein Vater deswegen mit der Firma spricht.»

«Ich will keinen Zwist. Sie sind meine Freunde», erwiderte Peter, und so war es. Obwohl eine Ungerechtigkeit vorlag, wollte er sich nicht dagegen verwahren.

«Du genießt es, nicht zu kämpfen.»

«Kämpfen macht nicht glücklich.»

«Doch tut es das, doch ... du hast es nur noch nicht versucht. Du hast es in deinem Leben bisher ziemlich leicht gehabt, Peter. Schule, College, Universität, dann Anstellungen ... Versuch's doch mal, so zu kämpfen wie ich ... dir deinen Weg freizukämpfen.»

Er lachte. «Du liebst die Auseinandersetzungen, du streitest ja sogar mit meinem Daddy», sagte er.

«Mit einer Frau, die ihm nie widerspräche, würde dein Daddy sich langweilen ... Einer Frau, die wäre wie eine indische Kuh.»

Seine Haut wurde ganz dunkel, was bedeutete, daß er errötete. Mir fiel auf, daß seine Wimpern nicht so lang waren wie die seines Vaters.

«Warum, warum wie eine indische Kuh?»

«Weil die so lammfromm sind. Das sind Kühe nun mal. Ich verlange ja nicht von dir, daß du über Leichen gehst; du sollst ja bloß dein Recht fordern ... Du sagst, du willst was für die Armen und Ausgebeuteten tun. Wie willst du das machen, wenn du dich nicht einmal selbst behaupten kannst? Du mußt anderen beweisen, wer du bist.»

Für meine Begriffe wollte Peter einfach den Unterschied nicht sehen zwischen der Tatsache, daß man seinen eigenen Wert kennt und für ihn kämpft, und der Aggressivität anderen gegenüber, die gleichbedeutend ist mit der Unterdrückung von Hilflosen, Untergebenen und Schwachen, insbesondere in einer im Kastendenken befangenen Gesellschaft wie der indischen. Sein soziales Gewissen war zwar stark entwickelt, aber selbst er schlug bisweilen (und besonders später, nach dem Ausbruch seiner Krankheit) Dienern gegenüber jenen anmaßenden Ton an, der in Indien so normal scheint, den ich ständig bei meinen vielen indischen Freunden erlebe und über den sie sich schlechterdings nicht im klaren sind. Da wird einfach ein anderes Register gezogen, unmerklich fast. Im viktorianischen England hat es so etwas selbstverständlich genauso gegeben.

Auch die Geschichte mit dem Mädchen beunruhigte mich. Nicht besonders stark, aber ich wußte nicht, wie Peter damit fertig werden wollte. «Vergiß es!» sagte Vincent. «Peter möchte sie nicht heiraten, und daran wird sie nichts ändern. In Bangalur hat er Freundinnen, soviel er will.»

Woraufhin ich ihn darauf hinwies, daß man in Indien nicht mit seiner «Freundin» schläft. «Peter hat höchstwahrscheinlich noch nie zuvor mit einer Frau geschlafen.»

1970 beschloß Peter, nach Indien zurückzukehren, und Freddi ließ ihn voller Bedauern gehen. Aber Y ließ sich nicht so ohne weiteres abwimmeln. Sie reiste nach Indien und tauchte in Bangalur auf. Peter war wieder im Haus, wo er zusammen mit seiner Schwester Patricia wohnte, die in Bangalur Medizin studierte. Die junge Belgierin wurde freundlich aufgenommen, blieb ein paar Wochen und genoß die indische Gastfreundschaft.

Sie wurde verpflegt, hatte ein eigenes Zimmer, und keiner fragte sie jemals nach Geld oder forderte sie auf, abzureisen. Peter jedoch tat so, als wäre sie Luft. Er nahm ihre Existenz einfach nicht zur Kenntnis. Das Ganze fand ein unerwartetes *happy end.* Y lernte einen anderen Mann kennen, verliebte sich in ihn und heiratete ihn. Und wenn wir – Peter und ich – heute spazierengehen, redet er manchmal darüber und erzählt:

«Sie wollte es. Sie kam, zog sich aus und legte sich auf mein Bett. Vielleicht habe ich ein Kind ... vielleicht bin ich Vater ...»

«Ach, Peter, du hast sie nicht heiraten wollen, und damit hat sich's. Jetzt ist sie mit jemand anderem glücklich.»

«Wenn es soweit ist, wird Peter sich schon dazu durchringen», sagte sein Vater zuversichtlich, als sein Sohn 1970 beschloß, nicht im Ausland zu bleiben, sondern nach Indien zurückzukehren. «Er wird heiraten, sobald er sich dazu entschlossen hat.»

«Wenn er dazu ebensolange braucht wie beim Scrabblespielen, werden alle seine Freundinnen längst jede Hoffnung aufgegeben und jemand anderen gefunden haben.»

Doch im Gegensatz zu anderen indischen Vätern pflegte Vincent seine Kinder nicht zur Heirat zu drängen. Auch Patricia nicht. Er drang vielmehr darauf, daß sie erst einmal ihr Studium abschloß. «Wenn dann was passiert, kann sie immer auf ihren Beruf zurückgreifen. Denn es ist schrecklich für eine Frau, die zur Witwe wird und keinen Beruf hat.» Vincent drängte auch Peter nicht. Vielleicht ließ er seinen eigenen Kindern freie Wahl, weil in seiner eigenen Generation alle Ehen arrangiert worden waren und sich die Auswahl an

Partnern auf eine bestimmte gesellschaftliche Gruppe und eine bestimmte Religion beschränkt hatte.

Die jüngere Generation der Familie trifft ihre Wahl allerdings völlig selbständig. Obwohl sie sich nach außen hin fügsam geben, haben sie durch die Bank alle Liebesheiraten gemacht und sich ihre Ehepartner außerhalb der eigenen Religion gesucht, was in Indien immer noch als außerordentlich mutig gilt und oft dazu führt, daß es zu Zerwürfnissen zwischen Eltern und Kindern kommt. Wo Ehen zwischen Angehörigen verschiedener Kasten und unterschiedlicher Religion geschlossen werden, nennt man diese Ehen «Mischehen», so wie früher die Ehen zwischen Europäern und Asiaten. In den festgefügten, zutiefst konservativen Gesellschaften, wie sie in Indien herrschen, ist so etwas immer noch die Ausnahme. Jetzt bekommen die Kinder, die aus solchen «Mischehen» hervorgehen, aber auch viele Kinder katholischer Familien keine westlichen Namen mehr. So trägt auch in meiner Familie die dritte Generation (Vincents Enkelkinder) durchweg indische Namen: Romesh und Sunil, Prathap, Nalin und Vivek... All das ist symptomatisch für die Veränderungen, die sich vollziehen, obwohl das noch lange nicht heißt, daß das Kastensystem aufbricht oder daß sich die Strukturen der indischen Gesellschaft grundlegend ändern.

*

Ein indischer Ingenieur, der im Ausland gewesen ist und dort sein Geld verdient hat, gilt in Indien als ausgezeichnete Partie. So jemandem ist es gleichsam automatisch beschieden, bei den großen privaten Firmen wie *Tata* oder *Godrej* unterzukommen. So wurde auch Peter bei seiner Rückkehr eine wohldotierte Stellung bei *Tata* angeboten.

Die Tatas sind Parsen und stammen von einer persischen Priesterfamilie zoroastrischen Glaubens ab. Ihre Geschäftstüchtigkeit steht im besten Einklang mit den ausgeprägten religiösen Vorstellungen, die nach wie vor in der Familie gelten. Die Parsen bilden eine weitere Minderheit, eine weitere Religionsgemeinschaft in der extrem pluralistischen indischen Gesellschaft. Verschwindend gering, was die Zahl ihrer Anhänger betrifft (es sind kaum mehr als 150000), stellen sie in ihrer wirtschaftlichen Tüchtigkeit eine enorme Macht dar. Naserwanji Tata gründete in den fünfziger Jahren des vorigen Jahrhunderts in Bombay zusammen mit einem Hindu, der als Bankier und Kaufmann tätig war, eine Firma. Seinen Sohn, Jamestji, schickte er auf das Elphinstone-College in Europa. Wiewohl anglisiert, legte Jamestji bis an sein Lebensende weder seinen Glauben noch seine schwarze Kappe und den langen Rock ab.

Der Zusammenbruch des Baumwollmarkts im Jahre 1865 ruinierte Naserwanji; der Sohn brauchte siebzehn Jahre, um die Schulden des Vaters abzutragen. Jamestji wurde britischer Armeelieferant. Er hatte eine Informationsreise durch die Baumwollspinnereien in Lancashire gemacht und gründete jetzt die erste Baumwollspinnerei und -weberei auf indischem Boden. «Was sie können, können wir auch», sagte er sich und begann, mit modernen, aus England importierten Maschinen die Bombayer Textilindustrie aufzubauen.

In das straffe und lebensvolle Familiengeflecht eingebettet, wuchs dank der rücksichtslosen Entschlossenheit das Tata-Imperium. Es kam zu Vorstößen auf dem

Gebiet der Schiffahrt (der fehlschlug, da Jamestji gegen das mächtige Monopol der britischen Reedereien nicht ankam), des Immobilienmarktes, denn man sah voraus, daß Bombay sich zu dem entwickeln würde, was es heute ist, eine der größten und wichtigsten Handelsstädte der Welt. *Tata Steel* wurde gegründet, die *Tata Kraftwerke* ... Auch die Gründung des indischen Wissenschaftsinstituts in Bangalur ging auf die Familie Tata zurück und verfolgte das Ziel, Indien auf dem Gebiet der Naturwissenschaften eine Stätte der Ausbildung und Forschung zu schenken, die den Vergleich mit keiner anderen ähnlichen Einrichtung in der ganzen Welt zu scheuen brauchte. Heute ist *Tata* ein weitgespanntes, multinationales Unternehmen. So haben sich die Tata von Generation zu Generation mit der Zukunft Indiens verbunden, einer Zukunft, in der Indien zu einer eigenen Industrienation werden sollte.

Tata bot Peter eine gute Stellung an. Er sollte 3000 Rupien im Monat verdienen – ein fabelhaftes Gehalt für einen indischen Ingenieur. Peter lehnte das Angebot ab.

Statt dessen blieb Peter in Bangalur und trat in die *Myrada* ein, die «Mysore State Resettlement und Agricultural Agency». 1970 wurde viel über die Förderung der Landwirtschaft geredet: Indiens «grüne Revolution» sollte beginnen. Drei Jahre lang, bis 1973, arbeitete Peter für die *Myrada*. In dieser Zeit las er viel über Bauernrevolten. Aus dem ursprünglichen Wunsch, Priester zu werden, wurde das dringende Verlangen, der Landbevölkerung zu helfen. Wie oft erzählte er mir von der Naxalite-Bewegung, die von Maos Idee eines von den Bauern angeführten revolutionären Kampfes inspiriert war. 1973 ging er nach Coimbatore, um für ein Wasser- und Landwirtschafts-Entwicklungsprojekt zu arbeiten und Brunnen für Bauern zu bohren, die kein Wasser hatten. Dabei verdiente er achthundert statt dreitausend Rupien pro Monat . . .

Zuerst war Vincent ein bißchen wütend, aber auch stolz auf seinen Sohn. «So ist Peter nun mal. Er hat immer etwas für die Armen tun wollen, und durch die Gespräche mit dir hat sich diese Neigung nur noch verstärkt.» Wieder spüre ich das unentrinnbare Netz, die Fäden, die uns jetzt unerbittlich aneinander binden. Jawohl, wir hatten miteinander geredet, Peter und ich. Genauso wie ich mich mit Appa unterhalten hatte – über die Notwendigkeit einer ausreichenden Wasserversorgung auf dem Lande, über den Bau von Kanälen, Reservoiren und Brunnen – und darüber, daß in China dank Mao Zedong die Hälfte des landwirtschaftlich nutzbaren Landes mit zuverlässigen Bewässerungssystemen ausgestattet wurde. Ich höre Peter noch sagen: «Durch dich ist es gekommen, daß ich nach Europa geschickt wurde, und dann kam ich zurück, um Brunnen zu bohren, und dann bin ich in den Iran gegangen und dort krank geworden . . .» Ich habe, ohne es zu wollen, an den Fäden gezogen. Manchmal habe ich fast das Gefühl, schuldig zu sein.

1971 wurde Vincent endlich geschieden; im April dieses Jahres wurde in Appas Haus eine kurze Trauung vollzogen. Der Anwalt kam, und in fünf Minuten war alles vorüber. Wir heirateten ohne kirchliche Trauung und in aller Stille – beides unerhört in Vincents Familie, so unerhört, daß selbst Vincent sich manchmal fragt, ob es wirklich eine «richtige Ehe» ist, die wir führen. So etwas sagt er, wenn er – was gelegentlich vorkommt – plötzlich schrecklich «katholisch» und unglücklich wird. Doch ich bin nicht leicht zu kränken. Vielmehr lache ich und sage: «Ach, es wird schon werden, es wird schon werden.*» Peter ist es, der Dinge sagen kann, die verletzen, nicht Vincent.

In sein bestes Nehru-Jackett gekleidet, war Appa bei unserer Eheschließung anwesend. Appa, der mich milde anstrahlte und hinterher scheu kam, mir die Hand auf den Arm legte, nickte und sagte: «Das war für mich eine große Freude.» – Womit ich nun endlich voll und ganz akzeptiert war. Aggie trat auf mich zu, schloß mich in die Arme und nannte mich ihre Schwester; desgleichen taten Theresa und Cissy. So kam ich am Ende denn doch zu einer indischen Familie. Und es ist wahrhaftig keine Kleinigkeit, in einer indisch-katholischen Familie eine indische Schwiegertochter zu sein.

Ich sollte später noch an mancher Hochzeit im Familienkreis teilnehmen. Meine war selbstverständlich ganz anders. Es waren ja nur wenige Gäste anwesend: nur der engste Familienkreis, die drei Schwestern und zwei Brüder; wahrhaft anders, als wenn eine «richtige» Hochzeit gefeiert wird, zu der alle Verwandten kommen und wir zu vierhundert am Tisch sitzen, wenn nicht noch mehr.

Nachdem der Anwalt gegangen war, ließen wir uns zu einem sehr schönen Hochzeitsessen nieder. Vincents Schwestern überboten einander, und seine Brüder waren bemüht, ihr Bestes zu tun. Alle in der Familie essen für ihr Leben gern, und allein die Mengen, die sie verdrücken – Quarkspeisen, Hühnchen nach Masala Art, Lamm mit Curry, Fisch, Reis, Chapatis – sind

---

* Wir führen eine Ehe, die der englischen *common law-marriage* entspricht, also eine Ehe ohne Trauschein und ohne kirchlichen Segen.

überwältigend. Einzig Bruder Dominic machte neuerdings eine Ausnahme, waren doch bei ihm in diesem Jahr die ersten Symptome seiner Herzerkrankung aufgetaucht. Dominic war ein liebenswürdiger, fröhlicher Mann, der sich mir gegenüber immer sehr gastfreundlich gezeigt hatte; nun ließ er es sich nie nehmen, wenn ich dabei war, den Grenzstreit «die chinesische Invasion» zu nennen. Jetzt hatte er sich eine selbstersonnene Diät auferlegt, die – was die Kalorien betraf – nicht weniger, sondern eher etwas mehr war als das, was er früher zu sich genommen hatte.

*

Um 1970 kam es zu einer Änderung in dem Verhältnis zwischen Indien und China. 1970 machte der chinesische Botschafter in Paris zum erstenmal den Vorschlag, daß Vincent nach China kam. Das war an sich schon erstaunlich, doch noch erstaunlicher war, daß die indische Regierung Vincent umgehend einen auch für China gültigen Paß ausstellte. So war er nach zehn Jahren der erste Inder, der mit behördlichem Segen nach China reiste.

In Peking gewährte Premierminister Tschou En-lai uns beiden ein wichtiges Gespräch und unterhielt sich mit Vincent ausgiebig über das Grenzproblem zwischen den beiden Ländern. Ich freute mich, daß Vincent und mir dieses einzigartige Erlebnis gemeinsam zuteil wurde: Den Mann kennenzulernen, der während all der Unruhen und Verheerungen der Kulturrevolution standhaft am Ruder geblieben war, der dafür gesorgt hatte, daß das Leben überhaupt weitergehen konnte und der so vielen Menschen das Leben gerettet hatte. In diesen Jahren, meine ich, opferte Tschou En-lai sich selbst, um China zusammenzuhalten – und forderte uns alle (selbstverständlich ohne dies laut zu sagen) gleichfalls auf, nichts zu tun, was den Prozeß gefährden könnte, den er in Gang zu setzen versuchte und der noch so überaus gefährdet war: den Prozeß der Öffnung Chinas und der Wiederaufnahme der Beziehungen mit Amerika.

Die Verbesserung der Beziehungen zu Indien war dabei nur ein Aspekt der Gesamtsituation. 1971 war ich wieder in China und hinterher in Indien, wo ich mehrere Male mit Frau Indira Gandhi zusammentraf, der Premierministerin, die inzwischen einem Attentat zum Opfer gefallen ist, und sprach mit ihr über die chinesisch-indische Lage.

In diesen Jahren fuhr Peter, nachdem er die Stellung bei *Tata* abgelehnt hatte, fort, um im Umkreis der Stadt Coimbator, einer ziemlich trockenen Gegend in Südindien, Brunnen zu bohren. Eine etwas entferntere Verwandte lebte gleichfalls dort; sie war Lehrerin, eine bezaubernde Frau, und schien Peter sehr zugetan. Doch auch wieder in diesem Fall konnte sich Peter nicht entschließen.

Einmal, zum Poon Puhar, dem Erntedankfest, tauchte er in Madras auf; dies Fest gibt Gelegenheit zu fröhlichen Umzügen mit den Götterwagen, zu großen Basaren und Tanz und Gesang. Peter erzählte mir von den Naxaliten. Er war empört über die verzweifelte Lage, die auf dem Lande herrschte, und war versucht, sich dieser Bauernrevolte anzuschließen. Freilich spürte ich, daß dies etwas war, was er nicht durchführen würde. Die ganze Sache war innerhalb der mächtigen

Unterdrückungsstruktur, die in Indien herrschte und noch stärker war als die im vorrevolutionären China, von vornherein zum Scheitern verurteilt. «In Indien gibt es vierzehn Hauptsprachen; schon das allein ist ein Hindernis, das sich einer durchgreifenden Umwälzung entgegenstellt», sagte ich zu Peter. «Mit Gandhi war dem allgemeinen Aufstand nur deshalb Erfolg beschieden, weil es ein gemeinsames Ziel gab: die Erringung der Unabhängigkeit. Einer Bauernrevolte stehen ja nicht nur die Polizei und die Armee feindselig gegenüber, sondern auch noch die Vertreter der Religion und des Kastenwesens.»

Peter fing an, mir zu schreiben. Was jetzt überhaupt nicht in seinen Kopf hineinwollte, war die Annäherung zwischen Amerika und China. «Warum, warum? Du weißt doch, daß Amerika ein imperialistisches Land ist. Warum schließt China mit Amerika Freundschaft?»

Es war unendlich schwer, Peter begreiflich zu machen und ihn dahin zu bringen, sich damit abzufinden, daß es in den internationalen Beziehungen weder Engel noch Teufel gibt, sondern nur komplizierte und notwendige Kompromisse, Bündnisse, nationale Interessen ... Ich nehme an, er hatte das Gefühl, daß ich mir jetzt selbst widersprach. «Erst ereiferst du dich gegen den Vietnam-Krieg und jetzt findest du dich damit ab, daß ihr die Freunde von Amerika werdet», warf er mir vor.

«Aber Peter, die Amerikaner sind immer meine ‹Freunde› gewesen, wie du es nennst. Die Amerikaner. Das bedeutet aber doch nicht, daß ich mit allem und jedem in der amerikanischen Politik einverstanden wäre.»

Er schüttelte den Kopf. Für ihn war all dies fast unmoralisch. Und doch hatte er das Gefühl, daß ich jemand sei, mit dem er über alle Dinge in der Welt reden konnte. Unvermittelt sagte er eines Tages zu mir:

«Ich möchte in die Politik gehen.»

«Du? In die Politik? Was willst du denn machen?«

«Ich möchte, daß es meiner Heimat, Indien, besser geht. Ich möchte etwas tun, um Indien zu helfen.»

«Du wirst eine ganze Menge tun, und Brunnen zu bohren ist doch eine großartige Sache ...»

«Ja, aber ...» Er erklärte mir, die Brunnen bewirkten einiges Gute, doch dürften die Unberührbaren sie in einigen Gebieten nicht benutzen. Das dürften nur die Landbesitzer. Und wenn die Unberührbaren den Grundbesitzern mißfielen, bekämen sie eben kein Wasser. – Trotzdem, in bestimmten Regionen Indiens begann sich die grüne Revolution zu vollziehen. Es wurden mehr Kunstdünger und mehr landwirtschaftliche Maschinen eingesetzt, was zur Folge hatte, daß der Anteil der landlosen Bevölkerung in dem Maße stieg, wie die Höfe rationell bewirtschaftet wurden. Die Besitzlosen strömten in die Städte und bauten einen Slumgürtel nach dem anderen um sie herum. Allein in Tamil Nadu stieg der Anteil der landlosen Bevölkerung innerhalb von zehn Jahren von zwanzig auf vierzig Prozent ... «Aber das ist Fortschritt», erklärte Vincent eigensinnig. Zweifellos war das ein Fortschritt. Die Getreideproduktion stieg, und doch fragte ich mich, ob die Zahl der Hungernden wirklich abnahm ...

*

Im August 1975 wurde in Madras mit viel Pomp der neunzigste Geburtstag von Appa gefeiert. In der Kathedrale von St. Thome wurde vom Erzbischof von Madras ein feierliches Hochamt zelebriert. Von der Kanzel herab predigte er gegen Fleischessünden und Empfängnisverhütung. Niemand lächelte. Die Familie, die weitere Verwandtschaft, alle waren sie gekommen. Die Kirche war dicht besetzt. Therese zählte 470 Personen – die Kleinkinder nicht mitgerechnet.

Nach der Messe verließ ich die Kirche an Appas Seite, denn ich war die älteste Schwiegertochter, auch wenn meine Stellung vielen Verwandten, die von den derart unkatholischen Vorgängen noch immer geschockt waren, recht fragwürdig erschien. Leise und nur für meine Ohren bestimmt, meinte Appa: «Das war in meinem Fall ja wohl nicht ganz das richtige Predigtthema.» Augenzwinkernd und belustigt sah er mich an und wandte sich dann um, um den Schweif der Verwandten über die Straße zu dem Haus in der San Thome Road anzuführen, wo er seit so vielen Jahren gelebt hatte. Von dort aus gingen wir zum Mittagessen in einen Saal, der für diesen Zweck gemietet worden und der groß genug war, allen Platz zu bieten. Die Frauen trugen ihre allerschönsten Saris, und die jungen Mädchen hatten alle einen Blütenzweig im Haar stecken. Die Männer standen in Gruppen herum und traten einer nach dem anderen vor, um das zu tun, wozu man in Indien kurz das Verb «to wish» benutzt. «To wish» bedeutet im indischen Englisch soviel wie begrüßen, gratulieren, an jemanden herantreten, um ihm die Hand zu schütteln oder auch nur einen guten Morgen zu wünschen. Man gibt damit zu verstehen, daß man die Anwesenheit von jemandem zur Kenntnis nimmt. Inder verstehen sich vortrefflich darauf, so zu tun, als wäre man nicht vorhanden – wie jeder bestätigen wird, der einmal vor einem Beamten gewartet hat, der dabei war, etwas zu schreiben oder zu lesen und es fertigbrachte, nicht ein einziges Mal zu dem vor ihm Stehenden aufzublicken.

«Alle aus Royapuram sind anwesend», sagte Theresa zu mir und schlug sich mit dem Problem der Sitzordnung herum; denn wie viele Meter man von Appa entfernt saß, war von größter Bedeutung. «Ich hätte der vierte am rechten Tisch sein müssen», hörte ich sich jemand erbosen. «Statt dessen hat Theresa den und den an meinen Platz gesetzt, denn natürlich . . .» Familienerinnerungen, Familienstreitigkeiten, Familiengeschichte, die viele Generationen zurückreichen . . .

Doch Anstand und Manieren sorgten dafür, daß es zu keinem größeren Ausbruch kam. Kurz vor dem Auftragen der Speisen wurde ein Gebet gesprochen und Prathap, Appas jüngstes Urenkelkind, hochgehoben, damit es dem alten Mann eine große Blumengirlande um den Hals legte.

Wie ich diese Menschenmassen Asiens liebe! Ich genieße das Gefühl des Tiefseetauchens, das einen befällt, wenn man sich in einem solchen gutartigen, sich schiebenden und drängenden Menschengewühl treiben läßt. Was man daraus zieht, ist eine Art Trancegefühl, ein neues Körperbewußtsein. So versuchte ich, mich auch in dieser durcheinanderwuselnden, farbenprächtigen Menge zu verlieren, die da ein und aus ging. Ich war anders, war JEMAND (wenn auch der Inbegriff der Sünde!), und manche müssen sich gefragt haben, wie Appa, der Präsident der Katholischen Vereinigung Indiens, seinem Ältesten diesen Fehltritt verziehen hatte . . . abgesehen davon, war ich auch noch die einzige, die bei dieser Augusthitze in baumwollenem Rock und Bluse herumlief, wohingegen alle anderen sanft und nach Moschus duftend in ihren besten Kanchipuram-Saris aus schwerer Seide schwitzten. Ich erwähnte Appa gegenüber, wie sehr ich Menschenmassen liebte, was ihn nicht wenig verwirrte. Denn er, der große Erzeuger von elf Söhnen und Töchtern, von denen neun noch am Leben waren, hatte die Gesellschaft von Büchern der Gesellschaft von Menschen stets vorgezogen.

«Tust du das wirklich? Ich hatte immer gedacht, am liebsten wärest du allein, gelegentlich . . .»

«Gelegentlich, ja, aber dann wieder bin ich ausgehungert nach menschlichem Kontakt. Nach dem, was die Franzosen ein *bain de foules*, ein Bad in der Menge, nennen. Wie belebend so etwas ist!»

Später setzte ich mich zu einer anderen Verwandten, der knochigen, sehnigen und gertenschlanken Miss Doraisamy mit den riesigen Augen und dem schmalen Gesicht. Miss Doraisamy malte in einem Raum in einem Haus, das förmlich nach Wohlanständigkeit, Konvention und Katholizismus roch. Sie lebte in Royapuram und war unverheiratet, weil sie lieber malte, als verheiratet zu sein. Überraschend kräftige Pinselstriche in eigentümlichen Farben, höchst unkonventionelle Dinge. Sie kämpfte gegen die indische Filmplakatkunst, gegen die einfältigen Blumen und Kätzchen der englischen Kalenderblattkunst, wie sie in Indien auch heute noch vorherrschend ist, gegen die schwammigen und gigantomanischen religiösen Darstellungen in der indischen Kunst . . . Sie hatte kein Geld und keine Möglichkeit, andere Maler kennenzulernen oder Kunstbücher aus dem Westen zu kaufen. Aber sie malte . . . und war hilflos. Da sie keinen Mann hatte, konnte es sein, daß ihre Brüder sie eines Tages aus ihrem Erbteil vertrieben – einem Drittel des Hauses. Und wenn sie kein Haus mehr hatte – was wollte sie dann tun? Trotzdem malte sie.

So viele Leben, so viele heimliche Geschichten! Geheim und doch offen, da die Frauen bei Familienzusammenkünften an den langen, träge sich dahinschleppenden Nachmittagen zusammenkommen, während die Männer sich zerstreuen, Spaziergänge machen, verschwinden. Die Frauen bleiben zurück, lassen sich auf geborgten Stühlen nieder, liegen zu mehreren auf einer Matte oder einem Bett, ruhen und reden oder schweigen, auf jeden Fall aber warten sie auf den Sonnenuntergang, um dann vielleicht ein Bad zu nehmen oder vor dem festlichen Abendessen einen anderen Sari anzuziehen. Sonnenuntergang, die Stunde, da die energiegeladeneren unter ihnen mit ihren Kindern einen Spaziergang am Strand machen. Denn dann ist der alles erstickende stille Nachmittag vorüber, kommt Seewind auf und weht unmittelbar vor der Kathedrale von Mylapur die acht Kilometer lange Küste mit dem hinreißenden, goldgelben Strand entlang ... Dann blüht das Leben auf, kommt es zu einer Fülle kleiner Episoden, winzigen Begebenheiten, ungreifbaren Worten, die in der Luft hängen und verweilen. Bescheiden saß ich unter den Frauen, bemüht, nicht zu reden. Schweigen ist so wichtig; zumal in dieser Atmosphäre von Mattigkeit und Erschlaffung, die selbst die frömmste der angeheirateten Stieftanten zu besänftigen schien. Ich lauschte, lauschte den Klangwellen, dem Rhythmus des indischen Englisch, dem Tamil-Englisch, einer der vielen Sonderformen, die aus dem Englischen hervorgegangen sind. Oder aber dem gewöhnlichen Tamil, dieser erstaunlich melodiösen Sprache, die eine ganz besondere Zungenfertigkeit erfordert und an das Rauschen der Meereswellen von Madras erinnert . . .

Ein Jammer, daß Peter nicht da war. Allein die Beseligung, in einem fremden, aus anderen Menschenwesen und anderen Stimmen bestehenden Meer zu schwimmen. Er war nicht gekommen, um an der Feier zum neunzigsten Geburtstag seines Großvaters teilzunehmen. Peter hatte nun mal etwas gegen Zeremonien, Hochzeiten. Auch zur Hochzeit seiner Schwester sollte er nicht kommen.

An diesem Abend kam es zu weiterem höflichem Geplauder unter dem rotgoldenen Zeltdach, das Theresa im Garten hatte aufstellen lassen. Gewaltige Schüsseln mit würzig nach Nelken und anderen Spezereien duftendem und dampfendem Reis gingen herum. Manche Gäste wollten schon heimgehen; junge Leute wurden ausgeschickt, Pferdedroschken oder Motortaxen herbeizuholen. Trauben von Frauen wiegten sich mit der charakteristischen Anmut der Südinderinnen hin und her, gleichsam als spiele sich alles unter Wasser ab, und sprachen nicht miteinander; ach, das sei eine richtige *tamasha*, ein richtiger Familienklatsch, sagte Cissy. Die Männer versammelten sich um den Regenbaum, bis sie schließlich von ihren Familien fortgeschleppt wurden. Benny und Cissy schworen, nie wieder ein Wort mit Soundso zu sprechen . . .

Ach, Appas neunzigster Geburtstag war wirklich etwas Wunderbares. Er dauerte drei Tage, und es gab genug Zeit für die Siesta und sogar fürs Fernsehen. Ein weiteres großes Ereignis war ein Essen, das der Gouverneur des Staates von Tamil Nadu Appa zu Ehren gab und an dem hohe Madraser Beamte, ein paar *chettiars* oder Geldverleiher, die sich durch Spenden an Bildungsinstitutionen ausgezeichnet hatten, und Lokalpolitiker teilnahmen. Appa erhob sich, um eine Rede zu halten.

«Wir haben den indischen Bauern vergessen», sagte er und sprach von den hundertzwanzig Millionen, den Unberührbaren, die immer noch ein Sklavendasein führten; sprach von der Schuldknechtschaft, von Kindern, deren Leben nicht besser sei als das von den Tieren auf dem Felde, wie er es ausdrückte. Unruhe machte sich unter den Politikern breit, doch faßten sie sich rasch, und salbungsvolle Worte kamen aus ihrem Mund, da ein jeder bekannte, für nichts hingebungsvoller zu wirken als dafür, «den schwächeren Gruppen unserer Gesellschaft» auf die Beine zu helfen.

Eingelullt und wie benommen gingen wir nach Haus, wo ich mich sogleich mit einer Magenverstimmung niederlegte und die nächsten beiden Tage das Bett hüten mußte. Als ich abreiste, hielt ich Appas Hand und versicherte ihm, wie herrlich es gewesen sei, seinen neunzigsten Geburtstag miterlebt zu haben. Er schüttelte den Kopf. «Das viele Geld, das dafür ausgegeben wurde!» sagte er. «Man hätte es denen geben sollen, die es brauchen.» So war es nun mal mit Appa.

Peter hatte sich diese drei Feiertage entgehen lassen: die Schmausereien, den Jubel, das Kindergeschrei, den Moment, als Appa mit einer Blumengirlande geschmückt wurde, die Ausbrüche von Gelächter oder Tränen unter den Frauen, das dreimalige Sariwechseln pro Tag, das Protzen mit dem Schmuck, den man hatte. Die Männer, die, ein Glas mit indischem Schnaps oder Bier in der Hand, in Gruppen zusammenstanden und ohne auch nur einmal mit der Wimper zu zucken vor sich hinstarrten; die meisten von ihnen waren stattlich anzusehen und alle betont höflich. Sie überließen es den Frauen (insbesondere Theresa, die unschlagbar ist, wenn sie es mit mehreren hundert Gästen zu tun hat), sich um den Hals zu fallen und sich zu streiten, Zuneigung zu bekunden und aus ihrem Herzen keine Mördergrube zu machen – kurz, sich all den vielen Kleinigkeiten zu widmen, die dazu beitragen, das Netz der Beziehungen enger zu knüpfen und die Familienbande zu stärken. Drei Tage lang lenkten Vincent und Theresa den Gang der Ereignisse, prüften und gaben Anweisungen, schickten Leute in alle Himmelsrichtungen, um für das Essen zu sorgen, die Getränke herbeizuschaffen, die Stühle, die Gläser, den Schnaps, das Eis ... und dafür zu sorgen, daß auch die Dienerschaft nicht zu kurz kam.

«Warum ist Peter denn nicht hier, Vincent?»

«Er nimmt seine Arbeit zu ernst.»

«Zu Patricias Hochzeit ist er auch nicht gekommen.»

Patricia, umworben von einem hübschen jungen Mann, einem Hindu aus einer Brahmanenfamilie. Es war eine Liebesheirat, und die Familie des Bräutigams hatte trotz einiger Tanten, die sich das Maul darüber zerrissen, ihr Einverständnis gegeben. Dreimal war die Trauung vollzogen worden: einmal katholisch in der Kirche von Bangalur, einmal nach Hindu-Ritus, einer Hochzeitszeremonie, in deren Verlauf Patricia mehrere Male den Sari gewechselt und einen Gürtel aus purem zweiundzwanzigkarätigem Gold angelegt hatte. Die Geschenke hatten zwei Räume im Elternhaus des Bräutigams gefüllt. Nach der standesamtlichen Trauung hatte ein großer Empfang im *Bangalore Club* stattgefunden, an dem wahrscheinlich fünfhundert

Gäste teilnahmen. Eine glückliche Heirat ganz aus freien Stücken. Peter jedoch war nicht erschienen.

«So ist Peter immer gewesen», sagt Michael. Und damit hat es sich.

*

Appa war zu seiner jüngsten Tochter, Aggie, gezogen, die einen Vetter ersten Grades mütterlicherseits, Patrick, geheiratet hatte, so wie ihre Schwester Rina Patricks Bruder geheiratet hatte. Appa beklagte sich darüber, daß der Bus, der vor dem Haus hielt, zuviel Lärm mache und zog sich in eine wesentlich ruhigere, wenn auch längst nicht so geräumige Wohnung im Foreshore Estate zurück. Schon erstaunlich, daß Appa plötzlich so lärmempfindlich wurde, wo er doch auf mich immer den Eindruck gemacht hatte, als merke er gar nicht, was für ein Stimmengewirr und Kindergeschrei und Lachen um ihn herum geherrscht hatte; aber er zog um.

Bei dem Foreshore Estate handelte es sich um eine Reihe von Mietshäusern, die die Regierung für Angehörige der M. I. G., der mittleren Einkommensgruppe, auf ein großes, sandiges Gelände gebaut hatte. Die Mieten unterlagen einer gewissen Kontrolle, und da jetzt Appa dort wohnte, wurde ein Telephon installiert. In Madras oder Bangalur ein Telephon zu bekommen, ist äußerst schwierig. Soweit ich weiß, beträgt die Wartezeit normalerweise bis zu zwölf Jahren. Es sei denn, man hat Druckmittel in der Hand oder kennt jemanden bei der Post, oder ein Telephon wird dringend gebraucht. Appa hatte als ehemaliges Mitglied des

Oberhauses *(Radjah Sabah)* und als bedeutende Persönlichkeit keine Schwierigkeiten, ein Telephon zu bekommen. Gelehrte und *Pandits** und Studenten aller Art, einige davon Amerikaner, besuchten ihn im Foreshore Estate. Mit blitzenden Augen und geistig klar wie eh und je, pflegte Appa in seinem winzigen «Wohnzimmer» gegenüber der Eingangstür unter dem unablässig sich drehenden Ventilator zu sitzen. Er hatte sogar vor, noch ein Buch zu schreiben; das letzte – sein achtes – hatte er mit achtundachtzig Jahren abgeschlossen.

Da ich nach Appas Geburtstag außerordentlich viel zu tun hatte, verlor ich Peter für eine Zeitlang aus den Augen, doch lange sollte das nicht dauern. Er sagte der Brunnenbohrerei in Südindien Lebewohl und stieß wieder zu Freddi Dahlmann und seiner Firma im belgischen Charleroi. Freddi hatte Peter nicht vergessen. «Er ist ein sehr guter Ingenieur, euer Peter. Wir nehmen ihn mit Kußhand wieder.» In Libyen wurden Ingenieure gebraucht; ein Kraftwerk sollte dort gebaut werden. «Muhammad Ghaddafi ist natürlich völlig verrückt, und sie mögen Weiße dort nicht», sagte Freddi. Peter mit seinem portugiesisch-indischen Aussehen werde bestimmt weniger Feindseligkeit auf sich ziehen als andere.

Auf dem Weg nach Belgien machte Peter Zwischenstation in der Schweiz und besuchte mich in meiner Wohnung in Lausanne. Vincent und er führten im Arbeitszimmer lange Gespräche. Vincent versuchte, Peter zu bewegen, die Stellung in Libyen anzunehmen.

---

* Pandit, altindisch für «klug» oder «gelehrt», Titel der indischen Gelehrten alter Art, hauptsächlich von Brahmanen geführt. A. d. Ü.

Peter und ich machten Spaziergänge am See und redeten über Libyen.

«Ich nehme an, du wirst feststellen, daß es schwierig ist. Aber auch interessant, Peter.»

Er wandte sich mir ganz zu. «Ich habe das Gefühl, als ließe ich die Armen im Stich, Suyin. Wieder einmal bekomme ich einen gutbezahlten Job, und zwar im Ausland.»

«Aber du hast jetzt getan, was du konntest, Peter, mehrere Jahre hindurch. Selbst wenn du dein Leben lang weiter Brunnen bohrst – es würde nicht besonders viel bewirken.»

«Dann meinst du also, Daddy hat recht?»

«Ich glaube, er möchte, daß du Erfolg hast. – Ja, auch ich glaube, daß du nach diesem Job imstande bist, Bedeutenderes zu bauen als Brunnen.»

Er dachte eine Weile nach, und ich wußte, daß es ihm schwerfiel, sich zu der Meinung durchzuringen, daß persönlicher Erfolg nicht unbedingt gleichbedeutend ist mit Ausbeutung.

«Schau, Peter, in China halten wir nicht viel von allzuviel Askese. Du rettest die Welt nicht dadurch, daß du dir selbst etwas versagst.»

Peter ging nach Libyen. Mir jedoch war nicht ganz wohl in meiner Haut. Ich war glatt und oberflächlich gewesen, hatte das, worum es ihm ging, allzu leichtfertig beiseite geschoben. Hatte sein bewundernswert skrupulöses Gewissen beschwichtigt. Vielleicht war er drauf und dran gewesen, sich ganz und gar, sozusagen mit Haut und Haar, einer Sache hinzugeben. Vielleicht aber auch nicht, wo er doch der Zauderer in Person war. Vielleicht hatten Vincent und ich ihn von seinem Kurs abgebracht, der nichts Geringeres war als der Versuch, eine Art heiligenmäßiges Leben zu führen. Ich hatte mich in sein Schicksal eingemischt...

Karma!

*

Flims war wunderbar; der Schnee lag zwei Meter hoch. Die Dahlmanns kamen, waren wie immer von überschäumender Lebensfreude, wir feierten herrliche Partys und verbrachten nächtliche Bridge-Partien mit Freddi und seiner schönen Frau Lisi. Sie waren laut und ungestüm. Peter kam, uns zu besuchen, und schloß sich ihnen und uns an. Mir brachte er aus Libyen einen weißen wollenen Burnus mit. Wir gingen Bergsteigen, ein paar von uns liefen Ski, und ich ging stundenlang im Schnee spazieren.

Peter kam zusammen mit anderen einen Berg heruntergeschliddert. Ich tat desgleichen und rutschte glücklich über den gewundenen Pfad zwischen den Fichten dahin. Bei der Heimkehr entdeckte Peter, daß er seine Schlüssel verloren hatte. Die Schlüssel zu seiner Wohnung in Libyen, vielleicht zu seinen Unterlagen. Am nächsten Tag ging er zu Fuß den Weg zurück, den wir gekommen waren, untersuchte jeden Fußbreit des Bergpfades und fand seine Schlüssel im Schnee. Mit derselben Zähigkeit und Methodik, mit der er alles andere anging, hatte er sich an die Schlüsselsuche gemacht; er brauchte sieben Stunden, dann hatte er sie wieder.

Wir gingen zum Bowlen. Wir trampelten durch den Schnee und versuchten, einen kleinen See wiederzufinden, den ich einst im Wald entdeckt hatte; doch bei der dicken weißen Schneedecke, die alles unter sich begrub und keine Landmarken mehr erkennen ließ, verlor ich jede Orientierung. Schnee ringsum, nichts anderes zu sehen als die speerspitzenähnlichen Tannen. Den See fanden wir nicht, dafür stürzten wir in eine kleine Schlucht. Peter raffte sich wieder hoch und klopfte sich den Schnee von der Joppe. Unversehens ließ eine Tanne eine ganze Lawine Schnee auf ihn herniedergehen, und das machte ihn glücklich. Wir kamen wieder nach Hause, wo Vincent, der nicht gern durch den Schnee stapft, ein Currygericht bereitete, weshalb die ganze Wohnung nach würzigem indischem Essen duftete. Glückliche Tage! Wie gut und wie zufrieden Peter aussah! Er erzählte nicht viel von Libyen; wie gewöhnlich stellte er tausend Fragen, gab selbst aber nur sehr kurze Antworten. Immerhin brachte er es fertig, mir zu erzählen, daß die Ingenieure ganz abgetrennt von den Einheimischen untergebracht waren. «Ghaddafi ist sehr fromm, trinkt nicht und arbeitet hart.» Wie gewöhnlich unbeschriebene Leere – die Decke aus weißer Leere, in die Peter sich hüllt, wenn er nachdenkt, nachdenkt ... und versucht, sich mit seinem Wankelmut zu einer Entscheidung durchzuringen.

«Peter, schreib mir! Laß mich wissen, wie du in Libyen weiterkommst.»

Mit jener tiefen Stimme, die wie aus zugeschnürter Kehle zu kommen scheint und die Peter eigen ist, wenn er sich keinerlei Gemütsbewegung anmerken lassen möchte, sagte er:

«Und du, schreib mir bitte auch. Vergiß das nicht!»

5. KAPITEL

Im Januar 1976 starb in China der populäre Premierminister Tschou En-lai, der auch heute noch der «Vielgeliebte» genannt wird; im September dieses Jahres starb auch Mao Zedong. Einen Monat nach Maos Tod kam es zum Sturz seiner Witwe und ihrer Helfer, der berüchtigten Viererbande. Damit waren die quälenden zehn Jahre der Kulturrevolution zu Ende.

Endlich war der Zeitpunkt gekommen, da ich etwas für meine eigene Familie in China tun konnte, deren Los ich unter größten Schwierigkeiten und mit beklemmender Sorge zu lindern versucht hatte. Doch allein die Tatsache, daß ich eine «Außenbeziehung» war, was bedeutete, daß ich außerhalb Chinas lebte und nicht voll und ganz Chinesin war, hatte sich nachteilig für sie ausgewirkt, und ich hatte mit größter Vorsicht vorgehen müssen. Darin war es mir nicht anders ergangen als Tausenden anderen, die als sogenannte Überseechinesen im Ausland gelebt hatten. Ich will hier nicht von den quälenden Erfahrungen meiner Verwandten berichten, hatte auch früher nicht davon reden können, denn das zu tun, insbesondere im Ausland, konnte lebensgefährlich für sie werden.

In den Jahren der Kulturrevolution klaffte eine Lücke zwischen der Führungsschicht und dem Mittelbau der Parteifunktionäre. Galten ganz oben gewisse Leute, wie zum Beispiel ich, als willkommen (wenn sie auch sorgfältig überwacht wurden), wurden meine

Verwandten ständig vor irgendwelche Komitees zitiert, weil man herausfinden wollte, was sie zu mir gesagt hatten.

Jetzt mußte ich zurückkehren und helfen, daß sie wieder in ihre alten Stellungen kamen, daß ihnen ihr Gehalt ausgezahlt wurde. Ich hatte aber auch noch viele andere Freunde, um die ich mich während dieser Jahre gekümmert hatte (schon allein dadurch, daß ich den Beamten erzählte, mit welcher Verve sie alles unterstützten, was geschah; alles andere hätte sie in Lebensgefahr bringen können). Diese Freunde waren mir dankbar. Jetzt konnte ich ihnen etwas mehr helfen. Ein paar von ihnen lud ich ein, ins Ausland zu kommen. Bei anderen konnte ich dazu beitragen, daß sie im Berufsleben wieder Fuß faßten und für die erlittene Unbill entschädigt wurden.

Im April 1977 kam ich aus China zurück und machte auf dem Rückflug in die Schweiz Zwischenstation in Indien, um Appa zu besuchen. Vincent war bei seinem Vater geblieben, der immer hinfälliger wurde. Er bewegte sich kaum noch, und wenn überhaupt, nur mit größter Langsamkeit. Im August 1977 sollte er zweiundneunzig werden.

Kurz nachdem wir Indien verlassen hatten, um nach Lausanne zurückzukehren, rutschte Appa auf dem Badezimmerboden aus und brach sich den Oberschenkelhalsknochen. Er war etwa drei Wochen bettlägerig und starb im Juni im Schlaf.

Vincent und ich erhielten diese Nachricht per Telephon und erfuhren auch, daß die Beerdigung der großen Hitze und der Unmöglichkeit wegen, die Leiche länger im Hause zu behalten, innerhalb von vierundzwanzig Stunden stattfinden werde. Vincent nahm das nächste

Flugzeug nach Indien, das er bekommen konnte; als ältester Sohn oblag es ihm, den letzten Willen seines Vaters zu vollstrecken. Im Juli wurde ein feierliches Totenamt für Appa gelesen.

Ich trauerte um Appa, den ich von Herzen liebgehabt hatte. Doch ausgerechnet in diesem Sommer kamen viele chinesischen Freunde nach Europa und wohnten bei mir. Es war seit vielen Jahren das erste Mal, daß sie China verlassen konnten, und ich mußte mich um sie kümmern. Ich wußte, daß es Appa nichts ausmachen würde, wenn ich an der Gedenkmesse für ihn nicht teilnahm; echte Liebe ist auf Äußerlichkeiten dieser Art nicht angewiesen. Seiner Zuneigung hatte ich immer gewiß sein können; nie war auch nur ein Schatten auf sie gefallen. Sein Tod war etwas so Natürliches und Angemessenes, daß Trauer wie etwas künstlich Aufgesetztes erschien. Appa hatte keinerlei Schmerzen gelitten; ich besitze ein Photo, das nur wenige Monate vor seinem Tod aufgenommen wurde und auf dem wir beide miteinander lachen.

*

Peter war im Winter 1976/77 von Libyen nach Indien zurückgekehrt, um dort Urlaub zu machen. Er scheint während dieser Monate in der Heimat über heftige Kopfschmerzen geklagt zu haben, die auf eine nie ausgeheilte Nasennebenhöhleninfektion zurückgeführt wurden und für die er offenbar starke Dosen Antibiotika bekommen hat. Er wurde jetzt einem Projekt im Iran, das im Zusammenhang mit einem dortigen Kraftwerksbau stand, als Ingenieur zugeteilt. Es handelte sich um eine gutbezahlte, verantwortungsvolle Tätigkeit. Mir schrieb er, er freue sich auf den Iran. Er flog von Indien aus nach Teheran, von wo er mir zwei Briefe schrieb, die ich beide beantwortete. Im Juli rief er mich von Teheran aus an.

«Sag mir, Suyin, was hältst du vom Schah?»

Ich lachte. «Aber doch nicht am Telephon, Peter, bitte! Wie geht es dir?»

«Nicht schlecht. Ich habe manchmal Kopfschmerzen, aber das ist alles.»

«Dein Vater ist in Indien. Ich glaube, das Totenamt soll diesen Monat gefeiert werden.»

«Ja, das hat Daddy mir gesagt.» Peter machte eine Pause. «Ich hab was gegen all diese ... Zeremonien», sagte er dann.

«Ich lege auch keinen besonderen Wert auf sie, aber sie müssen nun mal sein.» Ich lachte. «Peter, wo du soviel gegen Hochzeiten und Beerdigungen hast ... paß auf, daß du wenigstens bei deiner eigenen Hochzeit dabei bist.»

Er lachte nicht. Ich wandte mich an meine chinesischen Freunde, die gerade bei mir waren: «Mein Stiefsohn fragt mich, was ich vom Schah halte», sagte ich auf chinesisch, «und das am Telephon! Wahrscheinlich hört die Polizei des Schah das Gespräch ab.»

In Europa war damals gerade eine Kampagne gegen den Schah und gegen seine Dissidentenverfolgungen im Gange. Sowohl in Indien als auch in Frankreich und Deutschland demonstrierten iranische Studenten gegen ihn. Khomeini erhielt politisches Asyl in Frankreich.

Ich fragte mich, was im Iran wirklich vorging. Peter arbeitete, soweit ich wußte, an einem Projekt mit, das es dem Iran erlaubt hätte, das eigene Öl industriell zu nutzen, was für das Land von Vorteil gewesen wäre. Der Schah trieb die Reformen mit Macht voran und tat alles, um den Iran zu industrialisieren. Er übertrieb das Tempo der Entwicklung, war von Korruption umgeben und hatte zu wenig kompetente Leute, um das Land zu regieren. Ob wohl irgend jemand irgendwo annahm, daß – sollte der Schah Erfolg haben – dies eine Bedrohung für die totale Kontrolle des Iran und die anderen Ölförderländer durch die multinationalen Gesellschaften darstellen könnte? Wäre der Iran zu einem Industriestaat ersten Ranges geworden, der die Möglichkeiten hatte, das eigene Öl zu verarbeiten, so wäre er durch Forcierung der Entwicklung zweifellos zu einer Großmacht neben den arabischen Staaten geworden. Vielleicht hätte das die Lage des gesamten Mittleren Ostens verändert. Gewiß, der Schah war ein Tyrann, ein Diktator ... aber deren gab es weit schlimmere als er es war. Ich konnte mir keinen rechten Reim auf die Empörung über und den Protest gegen den Schah, die plötzlich im Westen aufkamen, machen. Auch daß man in Frankreich dem Ayatollah Khomeini eine bevorzugte Behandlung zuteil werden ließ, war schwer zu verstehen.

Ich schrieb Peter: «Du hast mich gefragt, was ich vom Schah halte. Ich glaube, er treibt die Dinge überstürzt voran: die Enteignung der Großgrundbesitzer, die Beschneidung der Macht der Religionsgemeinschaften. Außerdem ist er von korrupten Leuten umgeben und kann sich nicht auf eine tüchtige Beamtenschaft verlassen, um die Reformen, auf die er so wahnsinnig dringt, vernünftig durchzuführen ...»

Peter hat diesen Brief erhalten, denn er erwähnt ihn

in dem letzten Brief, den er am 12. Juli 1977 an seinen Vater schrieb. Vincent weilte damals in Indien.

«Lieber Daddy: Vielen Dank für Deine Briefe vom 4. und 25. Juni. Ich habe Dir nach Lausanne geschrieben. Suyin muß Dir meine Briefe nachgeschickt haben.

Zunächst einmal mein herzlichstes Beileid Dir und allen Kindern zum Hinscheiden Deines Vaters (sic). Es tut mir leid, daß ich zum Totenamt am 30. Juli und zu den anderen Gedenkfeiern nicht anwesend sein kann.

Es hat mich angenehm überrascht, vor ein paar Tagen einen Brief von Suyin zu erhalten; ich bin gerade dabei, ihr darauf zu antworten ...

Die Nebenhöhlen machen wir wieder zu schaffen. Schlimm war das besonders während meiner Zeit in Indien. Habe hier einen Arzt aufgesucht, der mich stark unter Antibiotika gesetzt hat, was auch geholfen hat ... bin geröntgt worden, doch da war nichts zu sehen. Trotzdem habe ich nach wie vor Kopfschmerzen und Fieber ...»

Dies ist der einzige Brief an seinen Vater, in dem Peter jemals etwas von den Kopfschmerzen erwähnt hat. Ich hatte den Umschlag geöffnet, um den Inhalt per Luftpost an Vincent nach Madras weiterzuleiten.

Es galt, noch ein anderes Problem zu bewältigen. Aggies und Patricks Sohn, Thomas, litt an Muskelschwund. Ich erinnere mich noch genau an die ruhige und gefaßte Art, in der Patricia mir das während eines meiner kurzen Besuche mitteilte. Diese äußere Gefaßtheit ist trügerisch; sie bedeutet nichts weiter, als daß man sämtliche Gefühle in sich hineinfrißt. Ich besuchte auch Aggie, der der Arzt gesagt hatte, wie alles enden würde. «Es ist Gottes Wille», sagte Patrick. Auch er machte, genau wie Aggie, einen gefaßten Eindruck. Sie beteten inbrünstig, aber leise. Sie vertrauten auf Gott. Patrick fragte mich, ob es irgendeine Hoffnung auf Heilung gebe, woraufhin ich ihm sagte, viele Menschen arbeiteten daran, eine Heilungsmöglichkeit zu finden, und daß es in Amerika sogar eine Vereinigung für die Bekämpfung von Muskelschwund gebe. «Ach, bekommen *Amerikaner* ihn denn auch?» fragte Patrick. In seiner Vorstellungswelt mußten Amerikaner wohl immun sein gegen solche Krankheiten. Ich erklärte, die Krankheit könne jeden befallen. Irgend jemand hatte angedeutet, sie könne die Folge der Verwandtenheirat sein. Anne, Michaels Frau, hatte mir bedeutet, die meisten der geistig Behinderten in der Schule, an der sie arbeitete, seien aus «Ehen zwischen Vettern und Cousinen ersten Grades» hervorgegangen. – «Das liegt alles am Kastenwesen. Die Kaste macht es manchmal unmöglich, irgend jemanden außerhalb eines ganz engen Kreises zu heiraten, und wie du weißt, Suyin, werden neunundneunzig Prozent aller Ehen in Indien von den Eltern arrangiert.» Sie war in dieser Beziehung ein bißchen selbstgefällig und stolz darauf, daß das in ihrem Falle nicht so gewesen war; ihre Ehe mit Michael war eine Liebesheirat. Denn als Anglo-Inderin, die auch noch französische und portugiesische Vorfahren hatte (besonders stolz war sie auf einen Urgroßvater, einen französischen Piraten, einen romantischen Helden mit blaugrünen Augen, die ihr dritter Sohn geerbt hatte), war Anne dem Kastensystem wirklich entronnen und fühlte sich frei von den Gefahren genetischer Launen.

Sollten sich jedoch Aggie und Patrick zu dem Glauben durchringen, daß es ihre «Ehe zwischen Vetter und Cousine ersten Grades» sei, die bei ihrem einzigen

Sohn, Thomas, zu einem angeborenen Fehler geführt hatte, würde sie das kaputtmachen und ihnen ein Schuldgefühl für etwas aufbürden, wofür sie gar nichts konnten. Es stimmte ja nicht einmal, denn zu Muskelschwund kommt es bei den Kindern vieler Eltern, die überhaupt nicht miteinander verwandt sind. Ich redete mit Patrick darüber und versicherte ihm, das Ganze habe nichts damit zu tun, daß er und Aggie Vetter und Cousine seien. Nichts ist schlimmer, als sich mit einer «Erbsünde» herumzuschlagen und täglich, ja stündlich unter einem unentrinnbaren Schulddruck zu stehen, zumal, wenn das auch noch Unschuldige trifft! Dabei war das wissenschaftlich in diesem Falle noch nicht einmal haltbar. Ich konnte nur hoffen, daß Annes Theorien sich nicht in der Familie ausbreiteten. Sie waren banal und gehörten in die Kategorie modernen Aberglaubens. Und jetzt sollten Aggie und Patrick keine Kinder mehr haben; aus lauter Angst, daß wenn sie noch einen Sohn bekamen, ein weiteres Unglück geschehen könnte. Außerdem waren sie auch noch gläubige Katholiken, die keine Antibabypille und auch keine anderen mechanischen Verhütungsmittel benutzen durften.

Vincent und ich sollten in diesem Jahr – 1977 – nach China gehen, und zwar Ende August. Ich hatte dort viel zu tun, insbesondere mußte ich versuchen, die Rehabilitation meiner Verwandten zu beschleunigen. Es ging darum, daß sie sich des Vorwurfs, der «Klasse der Großgrundbesitzer» anzugehören, erwehrten, der meiner dritten Tante gegenüber vorgebracht worden war. Außerdem mußte ich dafür sorgen, daß der sechste Bruder, mein Cousin (in China werden alle Cousins und Cousinen ersten Grades Schwester und Brüder genannt), China verlassen und eine Reise durch den Westen antreten durfte. Er war leitender Ingenieur der Gesellschaft für Telekommunikation in unserer Heimatprovinz Sichuan (mit nur rund hundert Millionen Einwohnern, die eines Tages ein Telephon brauchen würden), und ich war überzeugt, daß die Telekommunikation von entscheidender Wichtigkeit für den technologischen Fortschritt in China sein würde. Das verbunden mit dem Transportwesen und der Energieversorgung. Ich hatte Verwandte, die auf dem Gebiet der Radar- und der Lasertechnik arbeiteten. Meine ganze Familie in China besteht aus Naturwissenschaftlern, die es während der Kulturrevolution sehr schwer gehabt hatten. Nun, wo diese unselige Zeit endlich vorüber war, gab es unendlich viel zu tun, und ich war ein kleines Rädchen in dem ganzen Getriebe, trug meinen Teil bei zu der Wiedergeburt Chinas. Jetzt, wo es nicht mehr gefährlich war, mit mir befreundet zu sein, kamen viele Briefe von Freunden mit Bitten um Hilfe. Dazu hatte ich 1976 eine Einladung zu einer Vortragsreise durch Kanada angenommen und hielt auch an einigen Universitäten in den Vereinigten Staaten Vorträge, wo man durch die Umwälzungen in China völlig verwirrt war. Ein Photobuch über China von mir erschien gerade, desgleichen ein Buch über Tibet, denn Ende 1975 war ich als erste Besucherin aus dem Westen nach zwanzig Jahren in Tibet gewesen. Außerdem schloß ich gerade ein Buch ab, mit dem ich meine Autobiographie abrundete. Während Appa in Indien friedlich und im Schoß seiner Familie gestorben war, hatte mein geliebter dritter Onkel in China allein und in der Fremde sterben müssen. Sein Sohn und seine Schwiegertochter hatten nicht die Erlaubnis erhalten, ihn zu besuchen, während er im Sterben lag. Seine Frau, meine dritte Tante, die beschuldigt wurde, von «Großgrundbesitzern» abzustammen, hatte Schulungskurse zur Umerziehung besuchen müssen und nur nachts bei ihm sein dürfen. Auch heute noch weiß keiner, wo mein dritter Onkel begraben liegt. Für «Kapitalisten» wie ihn – schließlich hatte meine Familie zu Anfang unseres Jahrhunderts bei der Industrialisierung Chinas und bei der Erschließung des Landes durch die Eisenbahn Pionierarbeit geleistet – war in den verheerenden Jahren der Kulturrevolution keine Strafe schlimm genug gewesen. Mein dritter Onkel war 1968 gestorben; im Jahre 1985 erzählte mir sein Sohn, mein sechster Bruder, mit jenem bitteren Lachen, das für Chinesen das genaue Gegenteil von Fröhlichkeit ausdrückt, daß die unteren Parteifunktionäre, die für die Durchführung der Kulturrevolution verantwortlich gewesen waren, es mit der Angst bekommen hatten bei dem Gedanken, ich könne kommen und verlangen, sein Grab zu sehen (wovon sie selbstverständlich ausgehen konnten), und in aller Eile irgendwo einen Grabstein für ihn errichtet hatten. Doch siehe da, da ich offenbar so etwas wie einen sechsten Sinn für derlei Dinge besitze, hatte ich nicht darum gebeten, sein Grab besuchen zu dürfen; ich hatte gewußt, daß es in Zeiten ungeheuerlicher Umwälzungen und Unruhen, wie sie bisweilen Völker und Nationen heimsuchen, manchmal besser ist, Dinge einfach auf sich beruhen zu lassen, keine Fragen zu stellen und abzuwarten . . .

Jetzt jedoch war alles anders geworden; alles Schlechte, jedes Unrecht, das jemandem in China widerfahren war, sollte wiedergutgemacht werden. So war es im

Herbst 1977 an mir, für meine Familie und meine alten Freunde alles in meinen Kräften Stehende zu tun. Dazu gehörten Unterredungen, Begegnungen und Bankette, auf denen weitschweifige Reden gehalten wurden und bei denen eine beiläufig gemachte Bemerkung oft mehr bedeutet als alle Festreden zusammen; denn das entspricht der chinesischen Art. Ebenso unaufdringlich wie umsichtig, ein höfliches Lächeln im Gesicht (in Asien heißt es, immer zu lächeln, zumal dann, wenn man außerordentlich erregt ist und nach Fakten gräbt), ging ich umher und ließ hier und da inmitten lobender und beschwichtigender Worte einen Hinweis fallen. Jetzt sollte ich auch in China an Lehrerseminaren und Universitäten Vorträge halten.

Wo ich soviel um die Ohren hatte, hätte Peter die geringste meiner Sorgen sein sollen, Peter, der mir in diesem Sommer ein paar Zeilen geschrieben hatte. «Vielen Dank für Deinen Brief. Ich komme gut voran, nur machen mir meine Nebenhöhlen zu schaffen . . .»

In der Rückschau, jetzt, da ich den Brief an seinen Vater lese, bin ich verwirrt. Wieso kam Peter auf die ausgefallene Idee, von «den Kindern» zu schreiben, wo er doch seine eigenen Geschwister meinte? Wieso dazu, seinem Vater sein «Beileid» auszudrücken, wobei man freilich berücksichtigen muß, daß dieser Ausdruck in dem gestelzten viktorianischen Englisch, das man in Indien spricht und das «einen guten Stall» verrät, im Zusammenhang mit einem Todesfall häufig gebraucht wird? Wieso aber diese erstaunliche Unbeteiligtheit, obwohl es sich um seinen eigenen Großvater handelte? Als ob er nichts damit zu tun hätte, keinen Anteil daran nähme, als ob ihn das alles gar nichts anginge. Vielleicht gehörte das alles zu seiner Persönlichkeit; aber vielleicht war es auch etwas, das seine Krankheit bereits ahnen ließ.

*

Am Nachmittag des 4. August legte ich letzte Hand an ein Kapitel. Cecile, eine französische Freundin, war zu Besuch gekommen. Mein sechster Bruder wohnte gleichfalls bei mir, und ein anderer chinesischer Freund war in einem Hotel in der Nähe untergebracht worden. Das Telephon klingelte. Am Apparat war Niels Dahlmann, der älteste Sohn von Freddi Dahlmann; er rief von Brüssel aus an.

«Suyin, Peter geht es offenbar nicht gut. Er scheint bei der Arbeit zusammengebrochen zu sein. In Teheran. Wahrscheinlich die Hitze... Keine Sorge, die Firma schickt einen Arzt für ihn hin. Vielleicht holen wir ihn nach Belgien. Ich halte nicht viel von den Ärzten in Teheran.»

«Ich will versuchen, seinen Vater zu erreichen, Niels. Er ist im Augenblick in Indien. Sein Vater und sein Bruder sind beide vor kurzem gestorben, und da muß er sich um Familienangelegenheiten kümmern.»

«Keine Sorge, wir tun alles, was in unserer Macht steht», sagte Niels. Ich verbrachte ein paar Stunden am Telephon und versuchte, Vincent zu erreichen. Was damals nicht klappte, weiß ich heute nicht mehr genau. Jedenfalls summte die Leitung nach Indien immer nur, und melden tat sich niemand. Ich schickte Telegramme ab – nach Bangalur und nach Madras. Wo zum Teufel steckte er nur? Vielleicht war er zusammen mit der Familie auf einer Pilgerfahrt. Auf einer Pilgerfahrt zum

Schrein der heiligen Jungfrau Maria, die in Südindien so populär ist, daß selbst Hindus sie verehren. Aber vielleicht war er auch anderswo, oder er spielte gerade Rommé. Vielleicht... Schließlich, am zweiten Tag, erreichte ich Michael in Bangalur und übermittelte ihm die Nachricht von Peters Erkrankung. «Sag deinem Vater, er soll mich so schnell wie möglich anrufen.» Michael sagte, Vincent sei bei seiner Tochter in Bombay.

Von dort aus rief er mich endlich an. «Aber ohne Devisen bekomme ich kein Ticket», sagte Vincent. Das Problem war, daß wir unsere Flugkarten nach Hongkong bereits bezahlt hatten, um Ende August gemeinsam nach China zu fliegen. Jetzt jedoch mußte er eilends zurück nach Europa und hatte kein ausländisches Geld bei sich. Die Kontrolle über die Rupie wird in Indien sehr streng gehandhabt; ohne in Devisen zu bezahlen, ist es dort nicht möglich, ein Ticket für einen Flug ins Ausland zu bekommen.

Ich beeilte mich, ihm das Flugticket zu besorgen; jetzt jedoch tauchte eine weitere Schwierigkeit auf. Vincent hatte seinen indischen Paß behalten und weigert sich, eine andere Nationalität anzunehmen. «Ich bin Inder, also habe ich einen indischen Paß.» Wer aber mit einem indischen Paß ins Ausland reisen möchte, braucht ein Einreisevisum; infolgedessen mußte Vincent nach Neu Delhi, um von der dortigen belgischen Botschaft ein Visum zu bekommen. Das dauerte mindestens vierundzwanzig Stunden. Niels hielt unterdessen Kontakt mit mir. Eine Ärztin, Dr. Beckers, war nach Teheran geflogen, um Peter herauszuholen. Peter war in Teheran in ein Krankenhaus eingeliefert worden. Man hatte wegen eines Verdachts auf Hirnhautentzündung eine Rückenmarkspunktion bei ihm vorgenommen. Das Resultat war nicht eindeutig ausgefallen. Dr. Beckers mußte ihn aus dem Krankenhaus herausholen und Plätze in einem Flugzeug von Teheran nach Brüssel buchen. Doch Teherans Flugzeuge sind nicht besonders tüchtig; sie brauchten zwanzig Stunden, bis sie Brüssel erreichten. Peter wurde in einem Einzelzimmer des hochangesehenen Hôpital St. Pierre, eines der renommiertesten Krankenhäuser Europas, untergebracht.

«Keine Sorge, wir haben die besten Ärzte, die sich um ihn kümmern», sagte Niels. Inzwischen schrieben wir den 9. August.

Vincent flog gleich nach Brüssel, um bei seinem Sohn zu sein. Peter war klar bei Verstand und sprach mit seinem Vater. Dr. Beckers berichtete, im Flugzeug habe er vor sich hingedämmert und über Kopfschmerzen geklagt. Er hatte leichtes Fieber. Vincent rief mich an und sagte, es scheine soweit alles in Ordnung mit ihm. «Sie wissen nicht recht, was es ist», sagte er. «Sie meinen, er könne vielleicht Malaria haben.»

«Er hat eine Nebenhöhleninfektion gehabt. – Vielleicht ist es ein Abszeß im Gehirn. In Hongkong habe ich mal so einen Fall erlebt», sagte ich.

«Sie machen sämtliche Untersuchungen für alle Tropenkrankheiten, Malaria eingeschlossen, alles ... Er ist ganz vom Fleisch gefallen ... Er hat zu schwer gearbeitet und sich kein bißchen geschont.»

Abszeß im Gehirn; Hirnhautentzündung ... in meinen Gedanken kreiste ich um diese Dinge. Dabei wäre es sträflicher Leichtsinn von mir gewesen, eine Ferndiagnose stellen zu wollen. Eine der Grundregeln der Medizin, die mir eingebläut worden war, lautete, nie und unter keinen Umständen zu versuchen, die eigene Familie zu behandeln. Gleichwohl beunruhigte mich die Vorstellung von einem Gehirnabszeß weiter. «Vielleicht hat Peter wegen der Nebenhöhlen über einen langen Zeitraum hinweg Antibiotika genommen ... und Antibiotika sind nicht unbedingt zuverlässig, oft schon zu alt, und sie werden oft auch ohne ärztliche Verschreibung eingenommen ... Sag dem Arzt das alles, Vincent ...»

Eine Zeitlang rang ich mit mir, ob ich nicht selbst nach Brüssel fliegen sollte, um Peter zu untersuchen. Aber was sollte ich tun? Heute mache ich mir Vorwürfe. Wer weiß, vielleicht hätte ich rein intuitiv doch die richtige Diagnose gestellt, durch einen glücklichen Zufall ... Doch inzwischen kam Vincent, der fünf Tage in Brüssel geblieben war, bereits heim nach Lausanne. Peter gehe es besser, berichtete er. Er habe eine Menge Untersuchungen über sich ergehen lassen müssen. Niels und Freddi Dahlmann beruhigten uns. «Er hat die besten Ärzte, die wir bekommen können», wiederholte Freddi. «Überlaßt uns das, für mich ist er wie mein eigener Sohn.» Peter wurde mit dem Computertomographen untersucht, geröntgt, es wurden Blutuntersuchungen gemacht ... Die Firma sorgte geradezu rührend für ihre Ingenieure. «Gespart wird an nichts, haha!» lachte Freddi.

Ich sprach mit dem behandelnden Arzt. Es bestehe in der Tat der Verdacht auf bakterielle Hirnhautentzündung; und in Teheran habe man die Lendenwirbel punktiert. Außerdem hatte er sporadisch an Amoeben- oder echter Tropenruhr gelitten ...

Unsere Chinareise wurde nicht gestrichen. Ich jedenfalls mußte hin, und Vincent war einigermaßen beruhigt. Von Peking aus würden wir telephonieren, würden jeden zweiten Tag in Brüssel anrufen, um festzustellen, wie es um Peter stand. «Es ist nichts, worüber man sich Sorgen machen müßte», wiederholten alle immer wieder, die Ärzte eingeschlossen.

Als wir am 24. August abflogen, hatte es in den telephonisch eingeholten Tagesbefunden geheißen, Peter gehe es bedeutend besser; das Fieber hatte sich fast gelegt, und die Behandlung mit den Antibiotika war ausgesetzt worden, da er Anzeichen einer toxischen Reaktion auf sie erkennen ließ. Ich sprach am Telephon mit dem verantwortlichen Arzt. «Wir haben alles unter Kontrolle», sagte dieser. «Soweit wir sehen, scheint ihm nichts wirklich Ernsthaftes zu fehlen.»

In Peking hatte ich alle Hände voll zu tun. Fast jeden zweiten Tag riefen wir in Brüssel an. Oft konnten wir nicht mit Peter selber sprechen, da er sich gerade «Tests unterziehen» mußte.

Am Nachmittag des 9. September riefen wir von Peking aus wieder in Brüssel an. Tags zuvor hatten wir ein Telegramm von Niels bekommen, in dem es hieß, Peter gehe es «viel besser» und bald werde er entlassen.

«Laß uns versuchen, Peter selbst zu sprechen», sagte ich. Das war nicht leicht, aber nachdem wir ziemlich lange drangeblieben waren, kam Peter selbst an den Apparat.

«Hallo, Peter, wie ich höre, geht es dir besser», sagte ich. Die Verständigung war ganz klar.

«Suyin . . .» sagte er, «ich möchte schlafen.»

«Peter, bald werden wir dich besuchen.»

«Ja», sagte er. Und dann: «Ich werde bald entlassen.»

Ich legte auf. Seine Stimme! Seine Stimme hatte sich verändert, klang merkwürdig, schrecklich fremd, wie abgewürgt. Das war doch nicht Peters Stimme! Das war ein mahlendes, schmerzliches, zähes Ziehen, als ob eine ungeheure Last geschleppt werden müsse. Irgend etwas stimmte da nicht! Panik beschlich mich. «Vincent, ich glaube, es geht Peter ganz und gar nicht gut. Du mußt nach Brüssel. Ich glaube, es geht ihm alles andere als gut.»

Vincent hatte gleichfalls mit seinem Sohn gesprochen und gesagt: «Hallo, Peter. Wie geht's?»

«Hallo, Daddy», hatte Peter erwidert. Und dann aufgelegt.

Vielleicht war es die Angst, die ich ausstrahlte, vielleicht lag es aber auch daran, daß Peter einfach aufgelegt hatte, was Vincent beunruhigte. Er sagte: «Wieso, was ist denn los?»

«Seine Stimme. Die klingt völlig verändert. Irgendwas stimmt ganz und gar nicht. Es ist mir egal, was die Ärzte sagen, aber Peter geht es überhaupt nicht gut.»

«Aber Niels hat doch telegraphiert, daß er entlassen werden soll.»

«Aber seine Stimme. Das ist nicht normal. Vielleicht ist es unsinnig von mir, aber ich finde ... ich finde, du mußt hin, mußt unbedingt zu ihm. Wenn er wirklich entlassen wird, kannst du ihn ja zurückbringen nach Indien. Aber irgend etwas stimmt nicht.»

Und weil ich so eindringlich war und mich von meiner Meinung nicht abbringen ließ (was ich manchmal selbst als komisch und töricht empfand), geriet plötzlich alles in Bewegung. Noch am selben Abend bat ich meine chinesischen Freunde von der Freundschafts-Vereinigung, für Vincent einen Platz in einer Maschine zu besorgen, die von Peking nach Hongkong flog. In Hongkong würde Vincent mit einer Maschine der Air India nach Europa fliegen können.

Die Hilfsbereitschaft der Chinesen war wunderbar. Sie fragten kein einziges Mal, warum Vincent denn fort müsse, und alle unsere Flugpläne innerhalb Chinas mußten geändert werden. Sie vollbrachten wahre Wunder, und so bekam er am 12. September ein Flugticket. Vincent flog über Hongkong und Indien nach Europa. Natürlich, es war mein Geburtstag, aber da ich meinen eigenen Geburtstag nie feiere, spielte das keine Rolle. Manchmal dachte ich: Du machst dich selbst zum Narren. Und daß Vincent mich ausgerechnet an meinem Geburtstag verließ, war nicht ganz das, was meine chinesischen Freunde und ich vorgehabt hatten. Denn ich wurde in diesem Jahr sechzig, und alle planten eine Geburtstagsparty für mich ... Ich jedoch hatte zu ihnen gesagt: «Ich habe das Gefühl, daß dem Sohn meines Mannes etwas ganz Schlimmes widerfährt; ich kann bloß nicht erklären, was es ist. Jedenfalls ist es besser, er fliegt hin und sieht nach.»

Am Morgen des 14. September erhielt ich von Niels ein Telegramm mit dem Vermerk DRINGEND: «Peter liegt im Koma, Vincents Anwesenheit unbedingt erforderlich.» Vincent? Wo war Vincent? Er hätte doch von Hongkong aus mit der Air India gleich weiterfliegen sollen. Spät in der Nacht rief ich in Bangalur und in Madras an. In Madras bekam ich Patrick an den Apparat. Ja, Vincent sei in Bombay ... «Er bemüht sich, eine Maschine zu bekommen», sagte Patrick.

Vincent brauchte noch einen weiteren Tag, ehe er Brüssel am 16. September endlich erreichte, und es sollte noch zwei weitere Tage dauern, bis wir uns telephonisch sprechen konnten. Peter liege im Koma, berichtete Vincent. Genau einen Tag, ehe er hatte entlassen werden sollen, sei er ins Koma gefallen. «Aber die Ärzte meinen, es besteht eine Chance.»

«Und was ist es ihrer Meinung nach jetzt?»

«Sie sagen, es sei eine tuberkulöse Hirnhautentzündung...»

Tuberkulöse Hirnhautentzündung, in Indien an der Tagesordnung, in Europa etwas sehr Seltenes. Ach, Peter, Peter, wo zum Teufel hast du dir nur eine tuberkulöse Hirnhautentzündung geholt? Und warum hat man die vorher nicht festgestellt? Und der Herd, vermutlich in der Lunge – warum hatte man den nicht entdeckt?

Ich konnte China nicht verlassen, ehe ich nicht alles erledigt hatte, was zu tun war. Und es war so viel zu tun. Doch im Oktober, nachdem ich allen meinen Verpflichtungen nachgekommen war und meine Familie besucht hatte, insbesondere meine dritte Tante, die wieder in ihrem alten Haus lebte und deren «Aufsicht», ein Arbeiter, mittlerweile zu einem guten Freund geworden war, der sagte: «Ich habe ja immer gewußt, daß mit der alten Dame alles in Ordnung ist», flog ich zurück nach Europa. Unterwegs mußte ich die ganze Zeit über an alle meine Freunde denken, an meine Vettern und Cousinen, meine Tante, die Menschen, die jahrelang gelitten hatten. Manche waren darüber gestorben. Jetzt hatte Vincent mich von Brüssel aus angerufen und gesagt, Peter liege in einem Einzelzimmer im Hôpital St. Pierre in Brüssel. Meine Angehörigen hatten keine Einzelzimmer in irgendwelchen Krankenhäusern gehabt. Mein Onkel war gestorben, weil die Ärzte kein besonderes Interesse daran gehabt hatten, sich um einen «Kapitalisten» zu kümmern.

Belastet von einem Schuldgefühl, dem Gefühl, daß ich meine chinesische Familie und meine Freunde in China um Peters willen vernachlässigte – und das war selbstverständlich wegen Vincent –, flog ich zurück.

Innerlich hin- und hergerissen, aufgesplittert in Einzelteile aus Liebe und Zuneigung ... aber ich selbst war es ja gewesen, die dieses weltweite Netz von Liebe und Zuneigung gewirkt hatte; und alle mußten sie mir lieb und teuer sein. Alle. Ich muß jederzeit für jeden da sein, der meiner Hilfe bedurfte. Ich konnte keine Bande, keine Belastung einfach so abtun. Sie waren Teil meines Lebens und gehörten dazu. Sie waren ich.

6. KAPITEL

DAS Böse kommt nicht immer, um Böses zu tun«, sagt Incoronata, meine italienische Zugehfrau, die einmal in der Woche kommt, um meine Wohnung in Lausanne zu putzen. Sentenzen dieser Art kommen genauso mühelos von ihr, wie Gras bei sonnigem Wetter wächst. Sie stammt aus einem armen Dorf im Süden Italiens, wo der Hunger viele Jahre hindurch ein täglicher Gefährte für sie war. Sie erinnert sich noch daran, wie die Babys vor Hunger schrien und die Frauen in den Umschlagtüchern Trostworte tauschten und sich drein fügten. Denn wer weiß, was Gott mit seinen Geschöpfen vorhat? Er läßt sie heimsuchen vom Bösen, doch muß es zu ihrem Besten sein. Karma! Wer will sagen, ob sich eine Katastrophe nicht am Schluß als Segen erweist? Incoronata tröstet mich.

Peter lag in seinem Bett im Hôpital St. Pierre in Brüssel. Der Oktober hatte bereits etwas Winterliches, und das kalte nachmittägliche Sonnenlicht ließ alles in grausamer Klarheit erscheinen. Ein kleiner Windstoß fuhr mir spielerisch ins Gesicht. Ich dachte daran, zu Fuß ins Krankenhaus zu gehen: Liebe hat nicht nur ihren Sommer, sie kennt auch den Winter.

Vincent war nunmehr seit mehreren Wochen in Brüssel gewesen; Tag für Tag ging er morgens um neun ins Krankenhaus, um es abends um sechs wieder zu verlassen. Er wohnte bei Niels Dahlmann und seiner Frau, die ihn ohne zu zögern bei sich aufgenommen hatten. Niels war Peters wegen ganz durcheinander. «Ich habe ihn gesehen, und mir kamen die Tränen», sagte er. Wenn er daran dachte, bekam er ganz rote Augen. «Und als Peter ins Koma fiel und wir dachten, jetzt ist es ganz aus mit ihm, mußte ich weinen. Peter war für uns alle ein ganz besonderer Mensch. So sanft und immer so nett. Viel gesagt hat er ja nie, aber wir haben ihn alle gern gehabt.»

Als Vincent, aus Indien kommend, ihn erreichte, lag Peter im Koma. Durch nichts war ihm irgendeine Reaktion zu entlocken. Vincent setzte sich an sein Bett und begann, zu ihm zu sprechen. Jeden Tag, ungefähr drei Wochen hindurch, pflegte Vincent von neun Uhr morgens bis abends um sechs dazusitzen und zu ihm zu sprechen. Er half den Schwestern, Peter umzudrehen und ihn zu säubern. Und sprach zu ihm. Sprach zu ihm. Und gegen Ende der zweiten Woche hörte er Peter dann plötzlich: «Ja, Daddy» sagen.

«Ich wußte, daß er wieder zu sich kommen würde», sagte Vincent bei meiner Ankunft zu mir. Er war überzeugt, daß sein Sohn durchkommen würde. Er war überzeugt, daß er eines Tages gesund sein würde wie eh und je. Ich brachte es nicht fertig, ihn vor den unvermeidlichen Folgeschäden einer tuberkulösen Hirnhautentzündung zu warnen, vor den Veränderungen im Gehirn, die sie mit sich brachte. Er hätte mir auch nicht zugehört.

«Komm schon, Peter, komm schon! Du mußt jetzt durch dies durch! Du bist stark, du bist kräftig, Peter, du wirst dir Mühe geben, dich anstrengen; denn bist du nicht dein eigener Herr, bestimmst du dein Schicksal nicht selbst? ... Ich weiß, du wirst wieder gesund, Peter... Das hier ist nichts weiter als eine Krankheit, von der darfst du dich nicht unterkriegen lassen. Peter, ich glaube an dich!»

Vincent! Seine Gegenwart, seine Wärme, seine Anrufe an Peter, wie er sich unbeirrbar an ihn wandte, an Peters geschlagenes Gehirn appellierte und Peter aus diesem Grauen des Nicht-Seins herausriß, versuchte, Peters eigenen Willen zu mobilisieren, auf daß er überwinde, was immer ihn niedergestreckt hatte. Lebensspendende Wärme, Dasein, Glaube. Bedingungsloser Glaube an die Macht der Liebe und an Gott. Ich stand am Bett und sah zu und lauschte.

Ich beriet mich mit den Ärzten. Es gab bei Peter einen Widerstand dagegen, bewegt, gefüttert, gesäubert zu werden, und es sollte ihn auch weiterhin geben. Diese Abwehrhaltung hatte er vom ersten Tag im Krankenhaus an gezeigt. Schweigend und verzweifelt hatte er sich gegen jede Spritze gewehrt, gegen jeden Versuch, seinen Körper auf die Seite zu legen. Er wehrte sich gegen den Katheter, durch den der Urin abfließen sollte, und wenn er unbeobachtet war, riß er sich Nadeln, Katheter, alles heraus. Bis er ins Koma fiel. Aus den Unterlagen geht immer wieder hervor, daß er sich, ehe er ins Koma fiel, halsstarrig weigerte, mit den Ärzten zusammenzuarbeiten.

Ob dieser Mangel an Kooperation an seiner Krankheit lag? Oder an etwas, das der Erkrankung vorausging? Lag dieser Eigensinn an der Anarchie in seinem Gehirn oder gehörte er zu seinem Wesen und war schon vor langer, langer Zeit internalisiert worden? Ich weiß es nicht und bin mir immer noch nicht sicher. Ich würde meinen, ein gewisses Maß an Geduld und Anpassungswillen, ja, Gehorsam, wird im Namen dessen, was gut ist für den Patienten, von den Ärzten fast gefordert.

Daß sich jemand der medizinischen Versorgung und ärztlichen Anweisungen widersetzt, macht auch ihnen zu schaffen. Vielleicht hat seine Haltung aber auch damit etwas zu tun, daß es so lange dauerte, bis man herausfand, was Peter wirklich fehlte. Denn ohne Zweifel hatte es eine Verzögerung gegeben, wie der Oberarzt mir mit großer Offenheit selbst gesagt hatte. «Unvermeidlich. Das lag an den Umständen.»

Die richtige Diagnose – tuberkulöse Hirnhautentzündung – wurde erst mit dreiwöchiger Verspätung gestellt. Drei Wochen, die durch nichts mehr einzuholen waren. Den Ärzten ist kein Vorwurf zu machen. Die Punktion des Rückenmarkkanals, die in Teheran vorgenommen wurde und einen wohl eitrigen bakteriellen Befund aufdeckte, hatte eine ganze Zeitlang den zugrundeliegenden tuberkulösen Prozeß verdeckt. Es gab aber auch noch andere Symptome, die die behandelnden Ärzte über alle möglichen Krankheiten rätseln ließen; außerdem zeigten die Röntgenaufnahmen tatsächlich so etwas wie eine Abszeßbildung in der Gehirnhöhle. Der niedrige Zuckergehalt der Gehirn-Rückenmarks-Flüssigkeit hätte frühzeitig einen Hinweis darauf geben können, doch ergab sich ein solcher, soviel ich weiß, bei den ersten Laboruntersuchungen nicht. Die bakterielle Infektion des zentralen Nervensystems wurde mit Antibiotika behandelt; und am 25. August, sechzehn Tage nach Peters Einlieferung, ließ er eine toxische Reaktion auf die verabreichten Medikamente erkennen. Die Medikamente wurden sofort abgesetzt. Und zwar zu einem Zeitpunkt, wo es Peter klinisch gesehen besser zu gehen schien ... als die von Niels übermittelte Nachricht, es könnte sein, daß er bald entlassen würde, uns in Peking erreichte.

Ausgerechnet zu diesem Zeitpunkt sollte der behandelnde Arzt seinen Jahresurlaub antreten und reiste ab. Jemand anders kam, der wohl mit größter Selbstverständlichkeit davon ausging, daß mit der eingetretenen Besserung bei Peter alles erledigt sei; daß Peters eigensinniges Schweigen natürlich und darauf zurückzuführen sei, daß er als Inder in einem fremden Land war. Doch sehr bald wurden diese Annahmen erschüttert; die Nachricht, daß Peter entlassen werden solle, wurde uns von Niels genau zu dem Zeitpunkt übermittelt, da die Ärzte anfingen, Verdacht auf tuberkulöse Hirnhautentzündung zu schöpfen. In der zweiten Septemberwoche wurde die Lunge nochmals geröntgt (die erste Durchleuchtung war negativ ausgefallen), wobei hinter dem rechten Schlüsselbein ein kleiner Schatten entdeckt wurde. Nie hatte Peter gehustet oder andere Symptome einer Lungenerkrankung gezeigt.

Nichts als eine Verkettung unglücklicher Umstände, dachte ich, als ich mir das alles anhörte; als Ärztin war mir klar, wie schwierig der Fall gewesen sein mußte. «Einen Fall von tuberkulöser Meningitis haben wir in den letzten zwanzig Jahren nicht mehr gehabt», versicherten mir die Ärzte immer wieder. Als ich später im gleichen Jahr in New York gegenüber einem Kollegen und Freund Peters Fall erwähnte, bestätigte dieser das. «Wir haben seit mindestens zwei Jahrzehnten keinen solchen Fall mehr gehabt; in Lateinamerika erleben wir solche Fälle natürlich . . .»

Angesichts dieser unseligen Vielzahl von Infekten, der hartnäckigen Nebenhöhlenentzündung und besonders angesichts der einzigartigen Widerspenstigkeit Peters gegen jede Behandlung waren fast drei Wochen, wenn nicht mehr kostbare Zeit verlorengegangen.

Jetzt bildete Peter aufgrund der Blockade durch die verdickten Hirnhäute und die Verstopfung der Gehirnventrikel einen Wasserkopf aus. Er wurde operiert und ein Abfluß geschaffen, so daß die Flüssigkeit durch einen Schlauch in ein Blutgefäß fließen konnte. Daraufhin kam es zu einer Blutvergiftung und einer Blasenentzündung . . .

September, Oktober, November . . . und Vincent war jeden Tag an seiner Seite.

«Komm, Peter, du mußt dagegen ankämpfen, wirklich, das mußt du, laß uns gemeinsam dagegen ankämpfen. Einverstanden, mein Sohn?»

«Ja, Daddy.»

«Ich möchte, daß er Weihnachten zu Hause ist», sagte Vincent.

Und selbstverständlich hatte Vincent recht. Anfang Dezember ging es Peter besser. Man hatte uns gesagt, in der Weihnachtszeit, wo so viele Urlaub hätten, würde es schwierig werden, Peter alle Aufmerksamkeit zuteil werden zu lassen, deren er bedurfte. Das Krankenhaus hatte viel zu tun mit dringenden Fällen und war während dieser Zeit des Jahres chronisch unterbesetzt. Deshalb versucht man dort, so viele Patienten wie möglich nach Hause zu schicken und ambulant zu behandeln. Trotzdem brauchte Peter das Krankenhaus noch immer.

«Über Weihnachten werden wir ihn zu Hause pflegen. Danach werden wir sehen», sagte Vincent.

Vom 19. Dezember bis zum 4. Januar 1978, also über die ganzen Festtage, war Peter bei uns. Wir flogen ihn von Brüssel aus nach Genf und von dort weiter nach Lausanne.

*

Von Ende Oktober bis Ende November war ich auf einer im Jahr zuvor vom Kanada-China-Freundeskreis organisierten Vortragsreise durch Kanada gefahren. Es verstand sich von selbst, daß ich den Verein nicht im Stich lassen konnte. Ich hielt Vorträge in vielen Städten, von Vancouver nach Alberta und Saskatchewan bis nach Quebec und Ontario. Der Freundeskreis hätte die Gelder, die die Anmietung von Kinos und Vortragssälen sowie die Werbung für meine Vorträge gekostet hatte, nie wieder hereinbekommen. «Du mußt fliegen», erklärte Vincent standhaft. «Es hat keinen Sinn, wenn du hierbleibst; Peter wird deshalb auch nicht gesünder.»

Vincent würde schon damit fertig werden. Es war jetzt eine Sache zwischen ihm und seinem Sohn, und ich wußte, daß er Peter aus eigener Kraft aus seiner Krankheit herausreißen wollte. Er mußte das schon auf seine Weise machen. Folglich flog ich nach Kanada, war in Gedanken ständig bei Vincent, vermißte ihn und führte von überallher Ferngespräche mit ihm. Dreißig Grad unter Null in Saskatchewan. Vergleichsweise warm, um zehn Grad unter Null, war es in Toronto. Meinen kanadischen Freunden hatte ich erzählt, daß Vincent wegen der Krankheit seines Sohnes nicht hatte mitkommen können; etliche Jahre später sollte ich mit dem – damals aufgekommenen – Gerücht konfrontiert werden, mein Mann habe mich verlassen und ich schlüge mich mit den Problemen einer Scheidung herum. Vielleicht lag das daran, daß ich, die ich ohnehin nie besonders sanft bin, noch ein wenig schroffer war als sonst. Besorgt habe ich bestimmt ausgesehen. Was ich bei meinen Vorträgen gesagt habe, weiß ich nicht mehr. Ich konnte nicht gut schlafen, doch ist es bei Vortragsreisen immer so, daß irgendwelche übereifrigen Leute meinen, der Vortragende brauche weder Essen noch Schlaf. Der Kanada-China-Freundeskreis tat jedoch alles, um mir den Aufenthalt so angenehm wie möglich zu gestalten, und ich habe noch immer das Gefühl, daß ich dank Peters Krankheit nicht ganz den Erwartungen entsprochen habe, die man während dieser Reise an mich stellte.

Zurück nach Europa und zu dem Problem, Peter ein schönes Weihnachtsfest und ein fröhliches Neujahrsfest zu bereiten. Schließlich sollte er ja hinterher wieder ins Krankenhaus kommen, diesmal in eines in der Schweiz. Die Ärzte in Brüssel sagten mir, die tuberkulöse Infektion sei immer noch in einer aktiven Phase begriffen, was später auch bestätigt wurde, und daß es sich als schwierig erweisen könne, mit Peter zurechtzukommen. «Ich glaube nicht, daß er jemals wieder zu mehr als siebzig Prozent normal sein wird», erklärte der Chefarzt. «Die üblichen Folgeschäden einer tuberkulösen Meningitis, wissen Sie. Aber es könnte sein, daß sich plötzlich eine gewisse Besserung einstellt.»

Nach unserer Rückkehr in die Schweiz zog ich Erkundigungen über einige Kliniken ein und stellte fest, daß sie zwar chronische Fälle aufnahmen, diese aber ruhigstellten. Ich wandte mich an das Haupthospital in Lausanne und wurde herzlich empfangen. Jawohl, sie seien bereit, Peter aufzunehmen, aber nicht vor dem 4. Januar.

«Wir werden es schon schaffen.» Ich hatte in dieser Zeit keine Haushaltshilfe; meine damalige Zugehfrau, die für gewöhnlich einmal in der Woche kam, machte vom 10. Dezember bis zum 10. Januar Skiurlaub und Incoronata, meine wunderbare italienische Putzfrau, die weiß, was es heißt, jemanden zu umsorgen, hatte ich noch nicht kennengelernt. Woran ich mich heute, wenn ich an diese Tage zurückdenke, am lebhaftesten erinnere, ist meine wirklich albernste Sorge: Wer wird dafür sorgen, daß Vincent und Peter immer ein frisches Hemd zum Wechseln haben? Als Inder hat Vincent nie seine Gewohnheit aufgegeben, Unterwäsche, Socken und Hemd täglich zu wechseln – und wenn es heiß ist, auch zweimal am Tag. Sollte Peter es ihm darin gleichtun, würde ein Riesenberg Wäsche auf mich warten ... derlei Kleinigkeiten lasten schwer auf einer Frau, zumal dann, wenn sie betont penibel ist ...

Es gab ein kleines Paßproblem; Peter brauchte ein Schweizer Visum. Das wurde von den Schweizern umgehend besorgt («Solange alle seine Rechnungen bezahlt werden, kann er selbstverständlich kommen», erklärte mir der liebenswerte Ausländerbeauftragte). Dann gab es noch einiges mit Peters Versicherung zu klären. Aber abgesehen von den Krankenhauskosten kamen ja keine größeren finanziellen Probleme auf Peter zu. Im übrigen waren Vincent und ich ja auch noch da.

Weihnachten und Silvester waren schrecklich und wunderbar zugleich. Schrecklich deshalb, weil wir beide von der Aufgabe, Peter rund um die Uhr zu pflegen und zu umsorgen, völlig erschöpft waren. Nicht daß wir mit den Nerven am Ende und pessimistisch gewesen wären oder aufgegeben hätten. Nur körperlich erschöpft waren wir, weil Peter ständig getragen und gehalten werden mußte. Wir hatten Spezialhosen für ihn gekauft, denn er war außerstande, seinen Stuhlgang zu kontrollieren – nur wollte er die nicht tragen. Er gab seinen Eigensinn und seine Widerspenstigkeit nicht auf – und sollte die auch nach der Einlieferung in das Lausanner

Hospital weiter beibehalten, wo – wie die Krankenberichte beweisen – seine «negative Haltung» den Ärzten gleichfalls Kopfzerbrechen bereitete. «Er ist von einer Widerspenstigkeit, die jede Untersuchung außerordentlich erschwert ...», heißt es darin, und: «Wegen seiner Widerspenstigkeit und Schläfrigkeit sind neurologische Untersuchungen wenig ergiebig ...»

Peter und Vincent schliefen in unserem Ehebett im Schlafzimmer, ich im Gästezimmer. Vincent pflegte die ganze Nacht hindurch wachzubleiben und aufzupassen, manchmal erhob er sich, um Peter anzusehen und ihn zu strecken und aus der Fötusstellung herauszuholen, die er immer wieder in extremer Weise einnahm. Er setzte ihn auf, damit er Wasser ließ und nicht ins Bett machte. Ein Dreiunddreißigjähriger, der das große wie das kleine Geschäft ins Bett macht, stellt schon ein Problem dar. Einmal kam es auf meinem besten, hundertfünfzig Jahre alten chinesischen Teppich zu einer Darmentleerung. Dem Teppich hat das freilich wenig anhaben können; nachdem ich ihn gesäubert hatte, sah er so gut aus wie eh und je, als wollte er sagen: «Ich hab' in meinem Leben schon Schlimmeres erlebt.»

Tagsüber mußten wir Peter aufsetzen, ihn waschen und rasieren und ihm zu essen geben. Zu Anfang war auch letzteres ein Problem; mit einem Löffel kam Peter zurecht, nach einiger Zeit schaffte er es auch mit der Gabel und ein paar Wochen später sogar mit dem Messer. Ihm lief das Essen nicht wieder aus dem Mund, und er nahm auch keine zu großen Happen; wohl aber hörte er manchmal mittendrin auf zu essen und verfiel wieder in seinen Dämmerzustand. Das größte Problem jedoch stellte das Auf-die-Toilette-Gehen dar, weil er sich weigerte, sitzenzubleiben. Er sprang immer wieder auf; dabei konnte es zu Unglücksfällen kommen, und der ganze Badezimmerboden war verschmiert. Nach einiger Zeit wußte Vincent jedoch, wie er auch damit fertig wurde, indem er ihn mit Gewalt niederhielt, manchmal zwanzig Minuten lang und gelegentlich mit Erfolg. Peter weigerte sich, seine Pillen zu nehmen. Fünfmal am Tag brachte Vincent jeweils mindestens zwanzig Minuten damit zu, ihn zu bewegen, seine Medikamente zu schlucken. Wir brachten ihn auch dazu, sich zu bewegen, führten ihn aus der Wohnung hinaus in die frische Luft; sonst tigerte er endlos in der Wohnung auf und ab. Und wir sprachen mit ihm. Wir holten sogar Freunde herbei, damit sie mit ihm redeten, und er lächelte und sagte: «Hallo» und: «Guten Morgen» und: «Es geht mir besser», was uns sehr tröstete. Da wir völlig erschöpft waren, versuchten wir für ein paar Stunden am Vormittag eine Krankenschwester zu bekommen. Diese kam auch drei Tage lang, und ich konnte einkaufen gehen. Sie war eine junge Frau und mochte Peter. «Was für ein hübscher Bursche Ihr Sohn ist! Welch ein Jammer, was ihm zugestoßen ist!» Doch nach diesen drei Tagen mußte auch sie zum Skilaufen (in den Bergen herrschte ideales Skiwetter), und es gelang uns nicht, eine andere Hilfe zu engagieren. Wir mußten sämtliche Schlüssel aus den Türschlössern herausnehmen, denn es kam mehr als einmal vor, daß Peter sich in einem Zimmer oder im Bad einschloß; dann stand Vincent draußen vor der Tür, redete ihm gut zu und sagte: «Mach auf, Peter! Peter, mach auf...» Woraufhin Peter nach zwanzig Minuten oder noch länger öffnete – das heißt, er drehte den Schlüssel um und ließ Vincent eintreten.

Mir fiel auf, daß es sehr, sehr lange dauerte, bis

irgend etwas Peters Bewußtsein erreichte. Man mußte eine Frage stellen, dann warten, sie wiederholen ... und nach vielleicht ein, zwei Minuten setzte er dann zu einer Antwort an – und hörte mittendrin wieder auf zu sprechen, weil er vergessen hatte, was er sagen wollte. Das passiert ihm selbst heute noch, acht Jahre später. Doch durch die Macht der Wiederholung ließen sich vielleicht neue Verhaltensweisen, Selbstbeherrschung, Verständnis, Erinnerungs- und Reaktionsvermögen in seinem Gehirn aufbauen oder zumindest in jenem Teil dieses Gehirns, das unversehrt geblieben war und wieder funktionstüchtig gemacht werden konnte.

«Es wird schon wieder werden.» Vincent wurde nie wankend in seinem Glauben, daß Peter eines Tages wieder gesund werden würde. Denjenigen von seinen Freunden, die von einem Heim sprachen, sagte er: «Wir werden sehen», und das war selbstverständlich gleichbedeutend mit einem Nein.

Am 4. Januar wurde Peter im Krankenhaus in Lausanne aufgenommen. Mit schweizerischer Gründlichkeit wurden sämtliche Untersuchungen noch einmal durchgeführt und heraus kam dabei, daß die Tuberkelbazillen noch immer aktiv waren. Peter blieb bis zum 10. April 1978 in diesem Krankenhaus. Nach den ersten drei Wochen holten wir ihn jeweils übers Wochenende nach Hause, das heißt, er kam am Freitag abend zu uns, und am Sonntag abend brachten wir ihn wieder zurück. Krankenhäuser gelten im allgemeinen als leistungsfähig, aber unpersönlich. Aber hier in Lausanne gab es eine ausgezeichnete Ärztin, die zugleich eine leidenschaftliche Anhängerin der Physiotherapie war.

Ging ich ins Krankenhaus – wo Vincent selbstverständlich täglich war, ja, zweimal täglich –, erlebte ich, wie die Ärztin oder der Vater mit Peter redeten – REDETEN – und sich die Zeit nahmen, ihn etwas undeutlich murmeln zu hören, ihm gut zuzureden und ihn zu trösten. Die Physiotherapeutin widmete seinen Gliedmaßen eine Menge Zeit und viel Mühe, und obwohl Peters obstruktives Verhalten eine Physiotherapie schwierig gestaltete, fing er zuletzt doch an, Gefallen daran zu finden. Seine Schläfrigkeit legte sich ein wenig, doch die Art und Weise, wie er sich schweigend jedem Versuch widersetzte, ihn dazu zu bringen, seine Pillen zu nehmen, auf die Toilette zu gehen oder sich zu waschen, ließ die Ärzte vorübergehend an einen hirnatrophischen Prozeß denken. Er litt an Untertemperatur, seine Glieder fühlten sich kalt an, und sein Blutdruck lag weit unter dem normalen Wert. Er wurde auf Adrenalinmangel hin untersucht. Sein Gang, der als «wie betrunken torkelnd» beschrieben wurde, da er von einer Seite auf die andere wankte, wollte mehrere Monate lang nicht wieder normal werden. Die Krankenpfleger in der Klinik fanden ihn schwierig; nach einiger Zeit scheinen sie es aufgegeben zu haben, ihn zu baden. Holten wir ihn am Freitag abend zu uns, zog Vincent Peter und sich selbst aus, wickelte sich ein Handtuch um die Hüften und versuchte, Peter zu baden. Im Laufe einer dieser Sitzungen im Bad wäre Vincent aufgrund der feuchten Hitze und der Anstrengung, die es ihn kostete, seinen Sohn in der Wanne zu halten und zu säubern, beinahe in Ohnmacht gefallen. «Plötzlich dachte ich, angenommen, ich kriege einen Herzanfall und werde ohnmächtig – was würdest du mit Peter machen?» sagte er hinterher zu mir. Nicht gerade angenehm, sich so etwas auszumalen.

Es gab Zeiten, da bedurfte es unserer gemeinsamen Anstrengung, Peter zu bewegen, bestimmte einfache Verrichtungen auszuführen. Zuerst konnte er Schuhe und Strümpfe nicht allein anziehen; er mußte das wieder ganz von vorn lernen. Ganz besonders haßte er es, seine Spezialhosen zu tragen, doch ohne sie bestand Gefahr, daß er sich beschmutzte. Er versuchte, sie sich herunterzureißen. Jetzt erlebten wir bei ihm Augenblicke hektischer Aktivität, die sich mit der sonstigen Lethargie abwechselten. Im Krankenhaus wollte er seine Medikamente nicht nehmen, und Vincent brachte Stunden damit zu, ihn zu bewegen, die Pillen zu schlukken. Er litt an hartnäckiger Verstopfung, so daß einem der Pfleger schließlich nichts anderes mehr übrig blieb, als ihm manuell das Rektum auszuräumen, ein schmerzlich-peinlicher, aber notwendiger Eingriff. Abführmittel bereiteten ihm nicht nur Beschwerden, sondern waren auch ausgesprochen gefährlich. Doch nach einiger Zeit merkte ich es ihm, wenn er am Wochenende bei uns war, an, wenn er «mußte». Wie Katzen oder Kleinkinder, die einen glasigen Blick bekommen oder unruhig werden, wenn es in ihren Eingeweiden rumort, rutschte Peter auf dem Stuhl hin und her. Dann sagte ich zu Vincent: «Laß es uns versuchen, er muß mal.» Und manchmal klappte es auch, manchmal aber auch nicht.

Am 10. April entließ das Schweizer Krankenhaus Peter. Er wurde auf ein Mindestmaß an Medikamenten gesetzt, doch waren es immer noch viele Pillen, und wir erhielten Auszüge aus seiner Krankengeschichte, so daß andere praktische Ärzte die Bahandlung weiterführen konnten. Peter gehe es wesentlich besser, sagte Vincent, obwohl er sich beim Gehen immer noch ruckhaft bewegte. Mit den Armen vollführte er unkontrollierte, krampfhafte Bewegungen. Aber er aß jetzt mit der Gabel und hatte es fast ganz aufgegeben, seinem Vater beim Waschen Widerstand entgegenzusetzen. An den Arzt in Brüssel hatte ich geschrieben:

«Eine Wende scheint eingetreten zu sein ... Peter ist jetzt wacher und hat auch etwas von seinem Gedächtnis wiedererlangt. Er bringt jetzt ein gewisses Interesse für das auf, was geschieht. Sein linkes Auge und die linke Hand scheinen schwach zu sein ... er kann den Stuhl immer noch nicht halten, fängt aber an, durch unruhiges Hin- und Herrutschen anzudeuten, daß er auf die Toilette muß ... Treppen geht er mühelos hinauf und herunter ... und seine Gliedmaßen sind nicht mehr so kalt.»

Die Schweizer Ärzte sprachen uns Mut zu. «Man weiß nie. Es kann Jahre dauern, aber es kann weiter aufwärtsgehen mit ihm», sagten sie. «Wir müssen auch die anderen Teile seines Gehirns stimulieren, Teile, die nicht in Mitleidenschaft gezogen sind», sagte ich und glaubte halb, was ich da sagte, und halb glaubte ich es nicht. Das menschliche Gehirn ist etwas Erstaunliches; es haben Menschen monatelang im Koma gelegen und sich dann hinterher fast wieder bis zur Normalität erholt ... Der Durchschnittsmensch nutzt etwa nur ein Zehntel seines Hirnpotentials ... Wir wissen, daß es woanders in der Welt andere Fälle gegeben hat. Andere Eltern, die um ihr Kind gekämpft und nie aufgegeben haben und von denen manche finanziell weit schlechter gestellt waren als wir es sind. Plötzlich begriff ich, daß ich durch Peter wieder einmal einen Durchbruch geschafft hatte, diesmal einen in die Welt von Eltern, die Behinderte umsorgen, Invaliden und Schwachsinnige

... und mein Herz flog ihnen zu. «Ich weiß, wie das ist», wollte ich ihnen allen zurufen, «ich weiß, was das tägliche Martyrium bedeutet, das ihr so tapfer durchsteht.»

Oft mußte ich an Patrick und Aggie denken und an ihren Sohn, den kleinen Thomas, ein so hübsches und fröhliches Kind, das an Muskelschwund litt und einem langsamen Absterben aller seiner Muskeln entgegensah, während sein Gehirn bis zum Schluß klar bleiben würde.

Karma!

Überall auf der Welt, in jedem Land gab es Eltern, deren Kinder durch Geburtsfehler, Krankheit oder Unfall «anomal» waren oder ständiger Pflege bedurften. Ich sah sie in Lausanne, sah sie aus einem Bus steigen, die geistig Zurückgebliebenen und Schwachsinnigen, die eine Sonderschule besuchten. Eine energische Lehrerin, eine hübsche junge Frau, ging mit ihnen in den Zoo; sie hüpfte und lachte und munterte sie auf, war alles andere als lethargisch, liebte ihre Arbeit...

Und dann waren da noch die Senilen, die alten Leute. Eine Freundin von mir, die als Sekretärin in einem Büro arbeitet, kümmerte sich um ihre alte Mutter, die sie nicht mehr erkannte und mit dem Krückstock nach ihr schlug, wenn sie versuchte, sie zu säubern, denn die Mutter litt wie Peter an Inkontinenz. «Meine Schwester und ich kümmern uns um sie», sagte die Sekretärin, die das Geld für alle drei verdiente. Außerdem lernte ich in Lausanne eine Taxifahrerin kennen, die zu Hause einen halbseitig gelähmten Mann hatte. Dann gab es Eltern, die mit ihren drogensüchtigen Kindern fertigwerden mußten...

Vielleicht hatte Incoronata doch recht und das Böse

war so böse gar nicht. Vielleicht wurde Peter doch wieder gesund . . .

«Ich gehe mit Peter zurück nach Indien, dann werden wir sehen», sagte Vincent.

*

Indien, dieses riesige Land, duldet die Behinderten, die Unangepaßten und die Verrückten. Letztere werden manchmal sogar als «von Gott berührt» verehrt. Denn Indien lebt in zwei Welten (eigentlich tun wir das alle, nur daß wir es uns im allgemeinen nicht eingestehen): in der sogenannten realen, greifbaren, klar definierten und auf eine Bedeutung begrenzten Welt – und in der unwirklichen, phantastischen Welt, der Traumwelt der Götter.

Daheim in Indien würde Peter sich besser fühlen. Tuberkulöse Hirnhautentzündung ist in Indien etwas ganz Gewöhnliches, wie uns sämtliche indischen Ärzte sagten, an die wir uns wandten. «Davon haben wir jede Woche hundert Fälle», erklärte mir einer in Bombay.

Wir hatten einmal einen indischen Gelehrten in seinem Haus in Kalkutta besucht, einen Naturwissenschaftler, Dr. Mahalanobis. Während wir uns im Wohnzimmer mit ihm unterhielten, kam laut lachend seine Frau herein, setzte sich, lachte nochmals auf und ging dann wieder. «Sie hat tuberkulöse Hirnhautentzündung gehabt», sagte ihr Mann ganz ruhig, als ob damit alles erklärt wäre. Es gab Diener, die die ganze Arbeit machten und sich um seine Frau kümmerten. Sie erschien nicht wieder. Aber sie war zu Hause und glücklich, wenn auch unberechenbar . . .

In Indien würden wir herausfinden, was das Beste für Peter wäre. Jedenfalls würden wir nicht dauernd völlig erschöpft sein; wir würden Dienerschaft haben, einige Hilfe . . .

Im Flugzeug war Peter schläfrig von den Beruhigungstabletten, doch kam es auch zu plötzlichen Ausbrüchen unbezähmbarer Erregung. Wir mußten ihn die ganze Zeit über angeschnallt halten, wogegen er etwas hatte. Die Besatzung der Air-India-Maschine hielt sich tapfer; die Stewards kamen herbeigeeilt, um Vincent zu helfen, und redeten Peter gut zu, als Vincent ihn auf die Toilette brachte. Der ganze Flug war ein einziger Kampf, doch als er in Bombay landete, sagte Peter: «Wir gehen nach Hause, Daddy.» Und «zu Hause», das bedeutete für ihn Bangalur.

Das Haus in Bangalur, das Vincent umgebaut hatte, das zwei Stockwerke besaß und einen großen Garten hatte, war sehr komfortabel. Das obere Stockwerk war an eine Firma vermietet. Michael und Anne lebten mit ihren drei Kindern im Erdgeschoß, in dem es drei Schlafzimmer, drei Bäder, ein Wohnzimmer und ein Eßzimmer gab. Vincent hatte es gut möbliert; an den Wänden hingen sogar gerahmte chinesische Stickereien. In bezug auf manche Einzelheiten waren Anne und Vincent allerdings verschiedener Meinung. Anne liebte Schondeckchen und legte sie unter alles und jedes. Vincent dagegen konnte Nippes, Zierdeckchen, Tand und Hunde und Schäferinnen aus Porzellan nicht ausstehen. Anfangs schien das keine Rolle zu spielen, denn Anne und Michael waren entschlossen, Peter alle nur denkbare Hilfe zuteil werden zu lassen. Besonders Michael machte es sich in den ersten Monaten zur Aufgabe, seinem Vater zu helfen, Peter zum Aufstehen zu bringen, ihn zu waschen und ihm zu essen zu geben. Peter aß immer zusammen mit uns, obwohl das bisweilen eine ganz schöne Belastung war, da er manchmal laut herumschrie und aufstand, um Wasser zu lassen. Nur war dies die einzige Möglichkeit mit dem Wiedererlernen von Dingen fortzufahren, ihm das Gefühl zu vermitteln, dazuzugehören und wieder in ein Muster normaler Verhaltensweisen eingebettet zu sein.

Der Arzt, an den wir empfohlen wurden, war ein Experte auf dem Gebiet der tuberkulösen Meningitis. «Wäre der Patient in Indien gewesen, hätten wir das automatisch sofort diagnostiziert», erklärte er ziemlich beiläufig. Ich enthielt mich der Bemerkung, daß Peter ja Anfang 1977 in Indien gewesen sei, schlimme Kopfschmerzen gehabt und mit Antibiotika auf Nasennebenhöhleninfektion behandelt worden war. Der Arzt sah sich die Röntgenaufnahmen an und bestätigte, im vorderen Bereich der Gehirnhöhlen sei es wohl aufgrund einer Sinusvereiterung zu so etwas wie einer Abszeßbildung gekommen; es habe eine multiple bakterielle Infektion vorgelegen, die die zugrundeliegende tuberkulöse Erkrankung überdeckt habe . . .

Wieder die üblichen Untersuchungen, gegen die Peter sich selbstverständlich wieder wehrte. Dann riet der Arzt uns, Peter in ein Heim zu geben. «Es besteht nicht sonderlich viel Aussicht, daß es ihm noch einmal wesentlich besser gehen wird», sagte er und erwähnte eine Anstalt in Schottland, die vielleicht Leute wie Peter aufnehmen würde – Leute, die «Dauerschäden» davongetragen hätten. «Er wird etwas mit den Händen tun können, und soviel ich weiß, sind die Patienten dort ganz glücklich», erklärte er, um uns zu trösten. «In Indien haben wir selbstverständlich auch Kliniken, aber keine mit Einrichtungen, wie sie für solche Fälle nötig sind.»

Was macht man denn in Indien mit Erwachsenen, die unter den Folgeschäden einer tuberkulösen Meningitis leiden, fragte ich. Wenn möglich, wurden sie in Heimen untergebracht, wenn nicht, bleiben sie zu Hause. Doch wie viele von ihnen mußten zu den Scharen von Nicht-Seßhaften und Halb-Verrückten gehören und sich jenen Bettlerscharen anschließen, die die Slums füllten und auf die Straßen quollen und ungeachtet des Verkehrs zwischen den Autos herumliefen, «wie betrunken torkelnd», so wie Peter es getan hatte...

Ich sah Vincents Gesichtsausdruck: höflich, um Selbstbeherrschung bemüht. Auch ich konnte mir in diesem Augenblick nicht vorstellen, unseren Peter, den hübschen und begabten Peter, «in ein Heim» zu geben.

«In einem Heim – nein, das erträgt er nicht, da geht er ein», sagte ich zu Vincent, als wir draußen waren.

«Ja, da hast du recht.»

Damit war die Entscheidung gefallen. Wir würden ihn in der Familie behalten, zu Hause, in Bangalur, würden uns bemühen, das zu tun, was ein Heim nicht tun konnte. Wir würden versuchen, den Teil seines Gehirns, der unversehrt geblieben war, zu trainieren, so daß es wieder funktionierte. Wir würden versuchen, neue Synapsen zwischen seinen Neuronen zu aktivieren. Vincent erklärte immer wieder: «Schließlich haben uns die Schweizer Ärzte gesagt, es besteht Hoffnung.» Daran klammerte er sich, auch wenn für ihn «Hoffnung» vielleicht gleichbedeutend war mit «vollständiger Genesung».

Michael und Anne nahmen die Aufgabe, Peter zu

umsorgen und zu pflegen, sehr ernst. «Wir kümmern uns um ihn», sagten sie. So sollte es jetzt fünf statt drei Dienstboten geben. Außer dem Koch und dem Putzer und Feger, die bereits im Haushalt arbeiteten, und dem Gärtner (sowie gelegentlich einem Jungen, der sämtliches Besteck und alle Geräte aus Metall mit Asche putzte) stellte Vincent zusätzlich noch einen Diener ein, einen Unberührbaren. Seine Aufgabe bestand einzig und allein darin, Peters Kleider zu waschen und sein Zimmer sauber zu halten, da er sich immer noch häufig verunreinigte. Die Schutzhosen weiterhin zu tragen, weigerte er sich mittlerweile strikt, und da wir jetzt ja einen Diener hatten, der seine Wäsche wusch, warfen wir sie fort. Hielt man ihn nicht auf dem Toilettensitz fest, sprang er auch jetzt noch auf. Außerdem wurde ein Leibwächter oder Krankenpfleger eingestellt, der morgens kam, den ganzen Tag über blieb, auf Peter aufpaßte und dafür sorgte, daß er nicht aus dem Haus lief und daß er sich nicht verletzte, wenn er umherlief. Dieser Mann ging abends nach Hause.

Ich kannte das Haus in Bangalur von früheren Aufenthalten her, die ich in der Gesellschaft von Vincent, Michael und Anne noch in glücklichster Erinnerung hatte. Jetzt nahm Peter all unser Denken in Anspruch und erforderte unsere ganze Kraft. Was wir auch taten, es hatte irgendwie Bezug zu Peter. Anne, die eine feste Stellung als Lehrerin an einer Schule für geistig behinderte Kinder hatte, nahm nicht direkt an der Pflege teil. Doch Michael arbeitete im Haus und auch außerhalb, und so war er derjenige, der die Verantwortung für Peter übernehmen sollte, wenn Vincent mit mir in die Schweiz zurückkehrte.

Abends saßen wir gewöhnlich auf der Veranda und

unterhielten uns, während Peter im Garten auf und ab ging. Es gab bei ihm Phasen hektischer Aktivität, in denen seine Bewegungen etwas Verkrampft-Besessenes hatten. Jede Woche stellte der Arzt die Medikation um, vergrößerte oder verringerte die Dosis, veränderte die Kombinationen. Reihenweise Pillenschachteln, reihenweise Listen mit den einzunehmenden Medikamenten ... und alles schrieben wir auf. Reihen von Schächtelchen und Fläschchen, über die Michael wachte.

Und dann zeigte Anne mir eines Abends die Photoalben. Peter als Little Lord Fauntleroy! Woraufhin mir aufging, daß solche Vollkommenheit, die schon so früh von ihm erwartet worden war, einer der Hauptfaktoren gewesen sein mußte, die ihn über so lange Zeit instand gesetzt hatte, zu arbeiten und sich zur Arbeit zu zwingen, bis er zusammengebrochen war. Vielleicht war dies auch der tiefere Grund für seinen Eigensinn, warum er sich gegen alles sträubte und sich uns und den Ärzten so heftig widersetzte. Peter konnte einfach nicht akzeptieren, daß etwas radikal nicht mit ihm stimmte.

Bald nach unserer Ankunft in Bangalur fingen Vincent und ich an, zu versuchen, sein Gedächtnis zu stimulieren.

«Peter, wie war das eigentlich in Teheran?»

Peter wandte den Blick ab. «Iran», sagte er, «Iran ...», und fing an zu kichern.

«Weißt du nicht mehr, Peter – daß du mich gefragt hast, was ich vom Schah halte?»

Peter ging weg.

«Peter, erinnerst du dich noch an die Schweiz? An Lausanne? Und Flims? Weißt du noch, wie du im Schnee nach deinen verlorenen Schlüsseln gesucht hast?»

Ohne auch nur einen Anflug von Lächeln im Gesicht, sagte Peter: «Ja . . . der Schnee, der See . . .»

Und so brachte Vincent ihn bruchstückhaft und unter großen Mühen in Berührung mit sich selbst, mit seiner Vergangenheit. Versuchte, für Peter frühere Zusammenhänge zu rekonstruieren.

Ich konnte nicht endlos bleiben; ich mußte arbeiten, mußte schreiben und nach China gehen. Ich hatte schließlich meine eigenen Verwandten und Freunde und deren Kinder, für die ich sorgen mußte. Wir kamen überein, daß ich in die Schweiz vorausfliegen würde, und wenn Peter sich in Bangalur wieder eingelebt hatte, sollte Vincent nachkommen.

Ich war eine Woche wieder daheim, da rief Vincent an, um mir zu sagen, daß sich seine Heimkehr verzögern werde . . . obwohl es Peter immer besser gehe.

Ich hätte es wissen müssen.

Plötzlich wußte ich, was geschehen würde. Vincent würde sich in zwei Teile aufteilen. Ein Teil von ihm würde Peter umsorgen, ihn pflegen und bei Peter in Indien bleiben.

Der andere Teil – der war für mich.

Ich hätte es wissen müssen. Ich mußte für Peter bezahlen, indem ich mich mit der Einsamkeit, dem Alleinsein abfand. Der Rest, die finanziellen Dinge, die Flugzeuge, die Reisen, die Extraausgaben, all das war nebensächlich.

Vincent würde kommen und gehen, gehen und kommen, zwischen uns hin- und herpendeln, zwischen Peter und mir.

Was blieb mir anderes übrig, als mich damit abzufinden, die Hälfte eines jeden Jahres allein zu sein? Und deshalb damit anzufangen, mein Leben so einzurichten, als ob Vincent eines Tages nicht mehr da sein würde. Eine Lehre in Einsamkeit stand mir bevor – eine Lehre, die viele Jahre dauern sollte.

Ich arbeitete, hatte viel zu tun; gleichwohl wurde mir klar, daß mein Hilfsbeitrag an Peter in meiner Einsamkeit bestehen sollte. Daß ich von nun an alles selbst tun mußte.

Ich hätte es wissen müssen.

Von dem Augenblick an, da wir beschlossen, Peter nicht in ein Heim zu geben, war es klar, daß – selbst wenn Michael und Anne sich um ihn kümmerten – Vincent zwischen Europa und Indien hin- und herfliegen würde; denn täte er es nicht, das wußte ich, würde er keinen Frieden finden.

Wie sollte unser gemeinsames Leben jetzt aussehen?

Es ist schwierig, genau zu beschreiben, was in mir vorging. Ich war wütend, jawohl, fühlte mich unerwünscht, fand, daß Vincent mir gegenüber unfair handelte. Was ich ihm am Telephon auch sagte, um gleich hinterher völlig zerknirscht und schuldbewußt zu überlegen, daß ich unerträglich selbstsüchtig war, woraufhin ich Vincent drängte, so lange von mir fortzubleiben, wie er wollte . . .

Ob ich einsam war? Ja und nein. Einsam deshalb, weil die körperliche Gegenwart fehlte, keine Wärme und kein Lachen da war, weil ich des Nachts allein in der Wohnung schlecht schlief und beim geringsten Geräusch aufwachte. Nicht allein deshalb, weil ich so viel zu tun hatte – und weil ich so viele Freunde hatte.

*

Zu behaupten, daß ich schweigend alles hinnahm und mich sanft und selbstlos und unter völliger Hintanstellung meiner Person mit der Situation abfand, wäre eine Lüge. Ich schrie und wütete (zumeist in meinem eigenen Inneren). «Ich bin deine Frau! Aber du, du behandelst mich wie ... wie jemand Außenstehenden, als wäre ich eine Art Absteige für zwischendurch – jetzt heißt es Peter und immer nur Peter.»

Vincent hat eine eigene Art, einfach nichts zu sagen. Dabei summte es in seinem Kopf vor hektischem Denken, bis er gefunden hat, was im Augenblick am meisten verletzt. «Du brauchst mich nicht mehr ... du bist stark, du hast Erfolg – Peter aber braucht mich ...»

Mit einigen Variationen sollte dies die nächsten acht Jahre hindurch seine Entschuldigung, seine Erklärung, sein Schutzwall sein, hinter dem er sich verschanzte.

«Du brauchst mich nicht ... Peter braucht mich.»

Bis das fast schon der Wahrheit entsprach.

Da ich jetzt alles und jedes allein machen mußte, vom Ausfüllen von Nachsendeanträgen für die Post bis zum Abheften der Kontoauszüge; da ich mich mit Rechnungen und Anwälten herumschlagen, mich gegen ein paar sehr böswillige Angriffe zur Wehr setzen und mit Boshaftigkeit und bodenloser Verlogenheit, die diese erst ermöglichten, auseinandersetzen mußte; da ich außerdem meine Entscheidungen allein treffen, allein Briefe beantworten und überhaupt mein eigenes Leben ohne Vincent einrichten mußte, stimmt es heute durchaus, daß ich ihn nicht *brauche* – als Helfer, als Partner, als jemand, an dessen Schulter ich mich ausweinen kann. Er hat mir keinen Trost zu bieten; beschwere ich mich über etwas, reibt er mir unter die Nase, wie schlecht ich die ganze Angelegenheit behandelt habe und wie *er* damit fertiggeworden wäre. Nur – er ist einfach nicht da, und folglich kann er es nicht machen.

Das also ist es, was Peter mir, was er uns angetan hat.

1978 sah ich das kommen, aber es war doch nur eine plötzliche Ernüchterung, eine Vorahnung von kommendem Unglück.

Ich schrieb an einem Buch. Ich kämpfte gegen böse Ahnungen an, gegen die Eifersucht, denn ich mußte mein Buch davor bewahren, daß es mir entglitt. Und Vincent war so notwendig, so unendlich notwendig für das Ende meines Buches. Nicht seine physische Gegenwart, wohl aber meine Gewißheit, daß er mir nicht weggenommen wurde.

«Du bildest dir Dinge ein. Selbstverständlich wirst du bei Vincent immer an erster Stelle stehen – schließlich bist du es, die er liebt – und wenn du ihn liebst, mußt du auch seinen Sohn Peter lieben und für ihn da sein.»

Ich konnte unmöglich in Indien bleiben, in dem Haus in Bangalur. Ich konnte in Indien einfach nicht schreiben, nicht arbeiten. Das hatte ich versucht, mehr als einmal; es ging nicht. Dafür war das Klima zu verführerisch, Indien auch viel zu abseits für das, was mich beschäftigte, von der Kultur, in der ich lebte. Oder anders ausgedrückt: Lebte ich wirklich in Indien, würde ich ständig aufgewühlt und außer mir sein, weil so viele Dinge in dieser Gesellschaft mit den erschreckenden Klassen- und Kastenunterschieden meinen Einsatz forderten. Und mich nicht zu engagieren, sondern mich zu entziehen, wäre fast ein Ding der Unmöglichkeit für mich. Das aber wußte auch Vincent – daß ich bei aller Liebe zu ihm nicht in seinem Lande leben konnte. «Du brauchst mindestens zweimal im Jahr die Luft Chinas; eines Tages wirst du ganz dorthin zurückkehren und dich dort niederlassen. Das weiß ich», hatte er gesagt. Vielleicht würde er sich in Indien niederlassen, zusammen mit Peter...

So ging es 1978 und auch 1979 – hin und her, her und hin. Und dann, im September 1979, flogen Vincent und ich zusammen nach China – und nahmen Michael und Peter mit.

7. KAPITEL

PETER nach China mitzunehmen, war ein Akt des Glaubens; und es war eine Torheit, geboren aus jener Zuversicht, die Vincent ausstrahlte und die auf mich übergriff. Denn mittlerweile gab es bei Peter Durchbrüche scheinbarer Klarheit. Seine Unterhaltungen mit seinem Vater schienen vernünftig; für meine Begriffe hatten sie lediglich etwas Künstliches, Nachgemachtes, aber ich war mir nicht sicher.

Abgespielt haben muß sich das Ganze etwa folgendermaßen:

Vincent wandte sich an Peter: «Peter, ich gehe mit Suyin nach China.»

Peter: «Daddy, ich möchte mit dir nach China gehen.»

Vincent zu mir: «Peter würde gern mitkommen nach China.»

Ich: «Na ja, vielleicht regt ihn das an und tut ihm gut . . .»

So muß es meiner Meinung nach gekommen sein. Vincent war seit September 1977 nicht mehr in China gewesen, und damals hatte er seine Reise auf mein Drängen hin unterbrochen, nachdem ich Peters Stimme am Telephon gehört hatte. Noch heute höre ich mit einer Mischung aus Grauen und Entsetzen diese mahlende und knirschende Stimme, als ob Kieselsteine durcheinandergerührt würden, wie jede Silbe unter größten Schmerzen und Schwierigkeiten mit seinem erlahmenden Willen herausgewürgt wurde.

Inzwischen waren zwei Jahre vergangen. Peter ging es etwas besser, er schaffte es aber alle zwei, drei Tage wieder mal nicht, seinen Stuhlgang zu kontrollieren. Zeitweilig war er überaktiv, dann wieder döste er vor sich hin. Es mußte ihm immer noch gesagt werden, wann er aufwachen und sich waschen oder zu Bett gehen sollte. Manchmal jedoch schien er sehr klar und aufgeweckt. Außerdem konnte er mit einem Rechenschieber rechnen.

Jedesmal, wenn ich nach China flog, erkundigten sich meine Freunde liebevoll-besorgt nach Peter und Vincent. Sie spendeten mir alle viel Trost. All meine Sorgen in bezug auf Vincent und um meine Beziehung zu ihm, wenn er fern von mir war, fielen in China von mir ab. Es war, als ob die Liebe in China eine zusätzliche Dimension gewänne, als ob sie sich befreite von jedem Raum- und Zeitgerüst und zu etwas Allumfassendem würde, in dem ich mich bewegte und in dem physische Nähe keine Rolle mehr spielte. Die ferne Person war so wirklich wie Luft und Wasser, wie Feuer und Erde; allein zu wissen, daß es Vincent gab, vermittelte eine tiefe Zufriedenheit.

Erinnerung, die sich in Freude verwandelt. Eine unumstößliche Gewißheit, die nie vergehen wird, da nichts ausgelöscht werden konnte. Von Vincent getrennt, war ich mir in China der Dauerhaftigkeit und Unverbrüchlichkeit unserer Liebe weit mehr bewußt als in seiner Gegenwart; und vielleicht war es für ihn seinerseits in Indien so, daß er mich dort am meisten liebte.

Jeder von uns in seiner Heimat, innerhalb des eigenen Beziehungsgeflechts, fühlten wir keinen Widerspruch zu dem Paar, das wir waren, sondern festigten die gegenseitige Beziehung eher. Wie die Spinne die Länge und Breite der Leere nutzt, um ihrem Netz Gestalt zu geben, brauchten vielleicht auch wir Trennung und Ferne ebensosehr wie Verbundenheit und Nähe. Vielleicht ist das der Grund, warum ich es für möglich hielt, daß eine Reise nach China für Peter das Wunder vollbringen könnte, das Vincent erwartete.

Selbstverständlich begleitete Michael Peter. Ich dachte, daß Michael bei aller hingebungsvollen Fürsorge für Peter glücklich sein würde über eine Reise nach China, die damals für Besitzer eines indischen Passes immer noch schwierig zu bewerkstelligen war. Anne mußte bei ihren drei Söhnen zurückbleiben; außerdem hatte sie einen Beruf, der sie band. Ich glaube, sie war froh, einmal von Peters Gegenwart erlöst zu sein; es war jetzt über ein Jahr, daß es ihr und ihrem Mann unmöglich war, abends einmal zusammen auszugehen, auf eine Party oder auch nur ins Kino – das ging nur, wenn Vincent bei ihnen war. «Die Kinder kann ich den Dienstboten überlassen, die sorgen schon für sie», sagte Anne. «Aber was Peter betrifft, wissen wir nicht recht ...»

Daran, daß Michael alles für das Wohlergehen seines Bruders tun würde, war nicht zu zweifeln; infolgedessen erklärte er sich auch freudig einverstanden, nach China mitzukommen. Die drei flogen gemeinsam nach Peking. Ich war bereits früher dort eingetroffen, nicht nur, um alles vorzubereiten, sondern auch, um all das tun zu können, was ich zu tun hatte (Freunde besuchen, Vorträge halten, mich eingehend damit beschäftigen, wie es nach den neuen Reformen und der Politik der Öffnung nach außen auf den Dörfern und in den Städten aussah, Dinge, die ja soziale Umwälzungen ebenso vorantrieben wie wirtschaftliche Veränderungen). Wenn die drei erst mal da waren, würde ich ja genug damit zu tun haben, die Fremdenführerin für sie zu spielen. Meine chinesischen Freunde versicherten mir, sie wären entzückt, Peter ihre Gastfreundschaft zuteil werden lassen zu können. Ärzte stünden notfalls zur Verfügung. Ein junger Dolmetscher werde sich um Peter und Michael kümmern. Die Großzügigkeit, die die Chinesen ihren Freunden entgegenbringen, ist nicht zu überbieten. «Sag uns nur, was wir tun können, um zu helfen, und wir werden es tun», sagten die Chinesen zu mir.

Der Flug war ein Alptraum. In Bombay wollte Peter plötzlich auf gar keinen Fall das Flugzeug besteigen; es muß auf dem Flugplatz eine schreckliche Szene gegeben haben, bis Peter schließlich auf seinen Platz in einem Jet der Air India gedrückt und nach Hongkong geflogen wurde. Den ganzen Flug über war er unruhig, doch in Hongkong schien er sich etwas beruhigt zu haben. Vincent und Michael links und rechts neben sich, machte er ein paar Schritte, doch alle Mahlzeiten mußten in seinem Zimmer eingenommen werden. Sie landeten in Peking, meine Freunde und ich erwarteten sie am Flughafen. Peter kam die Treppe herunter und machte, nachdem er mich gesehen hatte, einen «normalen» Eindruck.

«Hallo», begrüßte er mich.

«Hast du einen angenehmen Flug gehabt?»

«Ja. Jetzt bin ich in China.»

«Ja, Peter, das bist du.»

«Ich verstehe kein Chinesisch.»

«Aber Peter, alle sprechen doch Englisch mit dir . . .»

Alle wappnen wir uns mit Träumen; wie anders

sollten wir weiterleben? Die Träume sind es, die zuerst sterben, und hinterher schleppen wir ihre Leichen mit uns herum, eine Last, die wir vergessen möchten.

Es war ein Traum, der fast sogleich zerbrach: daß Peter in China «angeregt», daß sein «Interesse geweckt» werden könnte. Die indischen Ärzte, Vincent und ich – wir alle versuchten, seine Gehirntätigkeit zu beleben, neue Verbindungen herzustellen, und bis jetzt hatte es ja auch einige Fortschritte gegeben; immerhin erkannte Peter Situationen als solche und war sich bewußt, um was es bei unseren Gesprächen ging. Er schien erfreut, mich am Flughafen zu sehen; ich war für ihn ein Bezugspunkt, ein Anker; fast meinte er, wieder in Paris zu sein, denn er strahlte verschmitzt und sagte trunken: «Ach weißt du, ich muß dir unbedingt...» – doch brachte er den Satz nie zu Ende. Ich wußte, was er mir sagen wollte. Daß er mich liebe. Daß seine Liebe zu mir zwar völlig durcheinandergeraten, für ihn aber etwas höchst Lebendiges sei; daß er freudig erregt sei, sich aber auch schäme und deshalb seine Sätze nicht zu Ende bringen könne.

Aber jetzt war es anders. Weder Vincent noch mir blieb etwas anderes übrig, als entsetzt zuzusehen, wie Peter in China völlig durchdrehte. Und wir von Panik gepackt wurden. In unserer Hotelsuite tigerte er erregt auf und ab, zum Telephon und wieder zurück...

«Ruft bei der Air India an, bucht den Rückflug für mich, ich kann hier nicht bleiben...»

«Aber Peter, du hast doch gesagt, du wolltest mitkommen»

«Ruft beim Flugplatz an... Ich will fort...»

Da ich ihn selber nie erlebt habe, glaubte ich nicht an den Kultur-Schock. Aber ich wußte immerhin, daß allein schon der Anblick von etwas völlig Ungewohntem, daß der Klang einer fremden Sprache bei manchen Menschen abgrundtiefes und unbezähmbares Entsetzen hervorrufen kann.

Der Kultur-Schock. Peter bewies in diesen acht Tagen in Peking in besonders schlimmer Form, daß es ihn gab – in den acht statt den geplanten sechzehn Tagen. Ich wußte nur noch von einem einzigen anderen Fall, der fast so schlimm gewesen war. Die Kinder indischer Freunde von uns, die beide in der Schweiz geboren und später von ihren Eltern mitgenommen wurden nach Indien, packte in Bombay das schiere Entsetzen, weil es für ihre Begriffe einfach zuviel Menschen auf den Straßen gab ... sie weigerten sich, ihr Zimmer zu verlassen, und mußten in die Schweiz zurückgebracht werden.

Peter ließ sich nirgendwohin bringen. Er tigerte nur in seinem Hotelzimmer und in unserer Suite auf und ab, so daß sich von dem dicken, roséfarbenen Teppich Flocken roséfarbener Wolle ablösten. Wo im Gehirn sitzt diese Reaktion auf körperliche Unterschiede, auf Klangunterschiede? Ist sie nicht die Grundlage eines jeden Rassismus? Etwas, das man für gewöhnlich nicht zur Kenntnis nimmt, das dann jedoch plötzlich bewirkt, daß man um sich schlägt? Etwas, das seine eigenen irrationalen Gründe findet, ein vulkanischer Ausbruch, der sich nicht erklären läßt? Warum hat Peter so reagiert, wie er es tat?

Angesichts von Peters erschreckender Gehetztheit glaubte ich, zumindest jenen Kultur-Schock zu verstehen, den ich früher nie verstanden hatte. Offensichtlich ist «Kultur-Schock» nur ein schönfärberischer Ausdruck für etwas weit Archetypischeres, etwas, das unter

Jahrtausenden der Menschheitsgeschichte vergraben liegt.

Peter und Michael teilten sich ein Zimmer im selben Stockwerk, in dem auch unsere Suite lag. Alle Mahlzeiten mußten in Peters Zimmer eingenommen werden, denn er weigerte sich, in das Restaurant hinunterzugehen. Er tat so, als sähe er die liebenswerten und hilfsbereiten Kellner nicht, die – als sie wußten, daß er krank war – zu sagen lernten: «Peter, wie geht's?» und alles in ihrer Macht Stehende taten, um zu helfen. Er war nicht richtig gewalttätig, bekam aber nach drei Tagen Durchfall, im Grunde seine Art, sich zu wehren, und die er zugleich haßte (denn das Phänomen wiederholte sich bei anderen Gelegenheiten). Vincent und Michael verbrachten viel Zeit damit, den Boden des Hotel- und des Badezimmers zu säubern. Wir konnten unmöglich die Kellner bitten, dies zu tun. Jedesmal, wenn Peter mich sah, sagte er: «Bitte, bitte, ruf bei der Fluggesellschaft an ... bitte die Maschine, die mich nach Bangalur bringen kann.» Nach dem vierten Tag wurde mir klar, daß wir ihm in der Tat einen Platz in einer Maschine besorgen mußten. Er konnte einfach nicht bleiben.

Am sechsten Tag gelang es uns, einen Platz in einer Maschine zu buchen, die zwei Tage später abfliegen sollte. Wir sagten ihm das, woraufhin er sich zu beruhigen schien. Ich legte ihm nahe, einen Arzt aufzusuchen, und er sagte: «Ja, es geht mir nicht gut, aber ich würde sein Chinesisch nicht verstehen.» – «Er spricht englisch mit dir.» – «Nein, das kann er nicht, denn er ist Chinese.» Wir gingen ins Krankenhaus, doch sobald Peter im Ordinationszimmer bei Dr. Zhang war, geriet er neuerlich in eine Krise, versuchte hinauszulaufen, schrie und ließ sich nicht untersuchen. Er rollte mit den Augen und zitterte verkrampft von Kopf bis Fuß.

«Ich fürchte, er hat schizophrene Züge, die sich vermutlich schon vor seiner Meningitis herausgebildet haben», sagte der völlig ratlose Dr. Zhang, der schon Tausende von Patienten mit Meningitis-Spätschäden untersucht hatte, aber noch keinen wie Peter. Ich konnte Dr. Zhang einfach nicht sagen: «Nein, er leidet nur an einer extremen Form von Kultur-Schock.»

Peter war dermaßen erregt, daß ihm unter großen Mühen eine Beruhigungsspritze gegeben wurde. Im Auto, auf der Rückfahrt ins Hotel, hatte er Durchfall, und wir entschuldigten uns bei dem Fahrer, der den Wagen wieder saubermachen mußte. Vincent und Michael säuberten Peter, sobald wir das Hotelzimmer wieder betreten hatten.

Die einzigen beiden Male in diesen acht Tagen, da Peter sich – erstaunlich genug – gut benahm, war, als ich eine in Peking lebende eurasische Freundin bat, ihren Neffen zu bewegen, auf Peter aufzupassen, während wir an einem Essen teilnahmen, das Madame Deng Ying Tschao, die Witwe des verstorbenen Premierministers Tschou En-lai, für uns gab. Das andere Mal war, als ich Michael für ein paar Stunden herumführte und ihm die kaiserlichen Paläste und den Platz des Himmlischen Friedens vor der Verbotenen Stadt zeigte. Meine Freundin Hualan (die Mutter Polin, der Vater Chinese, sie selbst imstande, sich fließend in neun verschiedenen Sprachen zu unterhalten) brachte ihren Neffen Alex mit. Dessen Vater wiederum war Russe und seine Mutter Hualans Schwester. Aufgrund der Genkreuzungen war Alex mit blauen Augen und ziemlich hellem Haar auf die Welt gekommen – was das Leben für ihn, der als chinesischer Staatsbürger in China erzogen und in die Schule gegangen war, manchmal ziemlich verwirrend machte. Er wurde in seiner eigenen Heimat ständig wie ein Ausländer behandelt. Das brachte Vorteile mit sich (auf der Post ließen die Leute ihn vor, boten ihm im Autobus einen Platz an), brachte zu anderen Zeiten aber auch Nachteile, wenn man ihn etwa hinderte, bestimmte Versammlungen zu besuchen, weil die Wachen nicht wußten, daß er tatsächlich Chinese war. Er war während der Kulturrevolution gerade im richtigen Alter gewesen, als Rotgardist aufs Land geschickt zu werden, was sich für ihn, der Ingenieur werden wollte, durchaus als hinderlich erwiesen hatte. Jetzt studierte er zwar wieder an der Universität, doch fühlte er sich nie ganz wohl in seiner Haut, weil er aufgrund seines Äußeren immer noch als «Ausländer» galt.

So was widerfährt Eurasiern nun mal und hinterläßt Spuren bei ihnen. Ich selbst bin in dieser Beziehung ziemlich glücklich dran, weil mein Aussehen mehr oder weniger unverfänglich ist: dunkles Haar, chinesische Augen und chinesischer Körperbau – gleichwohl habe ich aber auch etwas Unchinesisches, so daß ich in China häufig gefragt werde, ob ich aus Sinkiang komme, jener im äußersten Westen Chinas gelegenen Provinz, in der fünf Millionen türkischstämmige Uighuren oder Zentralasiaten leben, deren Aussehen häufig eine Mischung aus westlichen und mongolischen Zügen zeigt. Doch wichtiger als das Aussehen ist die Körpersprache, ein wirklich sinnfälliger Begriff aus Amerika; bei aller Völkervielfalt schimmert dort aufgrund von Gesten, Tonfall und Verhaltensweisen bei Menschen von unterschiedlichster Herkunft immer noch etwas Amerikanisches durch; und so habe ich mein Leben lang, je nachdem, wo ich mich gerade aufhielt, immer die jeweilige «Körper-Sprache» nachgemacht. So kann ich mich in Frankreich wie eine Französin verhalten und in China wie eine Chinesin. Dieses physische Grundmuster an Gesten ist es, was wirklich eine Reaktion im Unterbewußten hervorruft und die Volkszugehörigkeit eines Menschen ebenso definiert wie die Zugehörigkeit zu einer bestimmten Klasse oder Kaste.

Peter sprach auf Alex ausgesprochen gut an, denn für ihn sah Alex «vertraut» aus, ungefähr so, wie die Belgier, mit denen Peter zusammengearbeitet hatte. Dabei ging mir jetzt auf, warum das Kastenzugehörigkeitsgefühl in Indien nach wie vor so stark ausgeprägt ist, warum selbst ein Inder wie der in Amerika gefeierte Ved Mehta zu jemanden, der eine Bemerkung über seine Hautfarbe machte, sagte, er sei nicht schwarz, sondern ein Arier und damit «ganz anders als die Drawida» in Südindien. Nun sind aber Vincent und seine Familie Drawida und sich ihrer dunklen Hautfarbe in ihrer eigenen Heimat gelegentlich stark bewußt. Danach schien mir der Rassismus ein Teil jenes Phänomens zu sein, das wir «Kultur-Schock» nennen – möglicherweise aber auch die völlig irrationale Hauptursache dafür. Rassismus, in Körperzelle und -knochen angelegt, ist etwas wirklich Vernunftwidriges, das dicht unter der Haut schlummert und ungeheuer gefährlich sein kann.

Am fünften Tag fiel mir auf, daß Peter am Knöchel blutete.

«Hast du dich verletzt, Peter?»

«Nein ... ich will ein Flugzeug, besorg mir ein Flugzeug nach Bangalur ...»

War er zufällig gegen ein Tischbein gestoßen? Während ich mir seinen Knöchel ansah, sagte er dumpf: «Michael hat mir einen Tritt gegeben, weil ich ein ungezogener Junge bin.»

Michael! Ich sprach ihn darauf an. «Michael, hast du Peter mit Fußtritten traktiert?»

«Ja, das habe ich getan. Tut mir leid, aber manchmal kommt man wirklich nicht mit ihm zurecht. Auf Daddy hört er ja, aber auf mich nicht. Ich mußte ihn davon abhalten, hier mitten ins Zimmer zu scheißen. Ich mußte ihm einen Tritt gegen den Knöchel geben, um ihn davon abzuhalten.»

Woraufhin Michael und ich ein langes Gespräch führten. Er schüttete mir sein Herz aus. Michael war überzeugt, daß er in den Augen seines Vaters nur zum Hüter seines Bruders taugte und benutzt wurde, weil kein anderer da war. Hinzu kamen vielleicht Kindheitserinnerungen, Geschwisterrivalitäten; schließlich war Peter der Lieblingssohn seiner Mutter gewesen. Dabei besaß Michael großartige Qualitäten, und es steckte sehr viel ihn ihm; er war starker Gefühle fähig und sehr gebildet. Er las enorm viel und vergaß das Gelesene nicht wieder. Selbstverständlich war es nicht angenehm für ihn, so viele Stunden am Tag damit zuzubringen, Peter zu beaufsichtigen, drinnen wie draußen (meistens drinnen). Außerdem mußte Michael immer noch jede Nacht in Peters Zimmer verbringen, in dem Bett daneben. «Was sind das für Ferien, die ich hier in China mache? Ich bin doch nur aufgefordert worden, mitzukommen, um hinterher Peters Scheiße wegzuwischen», sagte Michael.

Ich nahm Michael auf einen Spaziergang mit, während Vincent auf Peter aufpaßte. In jeder Familie ist es so, daß wir uns von allen Menschen, die wir kennen, unsere Geschwister nicht aussuchen können. Ein Bruder oder eine Schwester sind nie ganz willkommen; oft hat man etwas gegen sie, muß aber gleichwohl mit ihnen leben, muß sie ertragen. Wie sollen wir Liebe, Zuneigung und Verständnis zu Geschwistern entwikkeln, wo doch die Kain-und-Abel-Situation den Hauptfaktor in einer Bruder-Bruder-Beziehung bildet – etwas, das längst vor dem Aufkommen von Psychologen und Psychiatern auf großartige Weise in der Bibel erkannt worden ist. Neid unter Schwestern und wechselseitige Abneigung zwischen Mutter und Tochter gibt es in allen Gesellschaften und allen Kulturen in sehr ausgeprägter Form. Die Griechen, diese Genies des Geistes und des Herzens, legten das in ihren Tragödien offen und weihten diese Impulse ihren Göttern. Warum die Augen vor alledem verschließen? Schließlich ist es für die meisten von uns (mich selbst eingeschlossen) nötig, die Fähigkeit zu erlangen, Kompromisse zu schließen, sich ein System von Lügen und äußerer Liebenswürdigkeit zuzulegen, um überhaupt leben und letztendlich lieben zu können, denn wir alle sind so vielschichtig angelegt und so widersprüchlich in jenem Teil unseres Gehirns, von dem die Wissenschaftler behaupten, es sei unser unentwickeltes Ur-Ich.

Einerseits liebte Michael sowohl seinen Bruder wie seinen Vater, andererseits wurmte es ihn, daß Peter – einst der Liebling seiner Mutter – jetzt alle Fürsorge des Vaters auf sich zog. Dafür hatte ich nicht nur vollstes Verständnis, sondern ich hatte manchmal genau das gleiche Gefühl wie er. Grundsätzlich ist Michael zu großer Treue fähig und kann bis zur Selbstaufgabe uneigennützig sein. Ohne sich dessen recht bewußt zu sein, kommandierte Vincent Michael herum: Tu dies, tu das. Peter möchte. Peter braucht.

Infolgedessen machte ich Michael nicht nur keine Vorwürfe; ich habe Peter ja, wenn ich denn die Wahrheit gestehen muß, selbst geschlagen. Nur einen kleinen Klaps auf die Schulter und einen Knuff in den Arm – und doch war das aktiver Ausdruck eines tiefsitzenden Grolls. Für ihn ist es ein Spiel; er reizt mich nach Kräften, bis ich mich hinreißen lasse. Nur einmal, als ich ein bißchen härter zuschlug (für gewöhnlich ist das «Schlagen» mehr eine symbolische Geste, etwas, das man sogar als liebevoll deuten kann), sagte er verwundert: «Aber das hat weh getan.» Und lächelte voller Genugtuung wie über etwas, das er geschafft hatte.

Michael liebte seinen Vater von Herzen, meinte aber, daß diese Liebe in mancher Beziehung unerwidert blieb. Anne hatte mir anvertraut: «In vieler Hinsicht bemüht er sich, so zu sein wie sein Vater. Er sammelt alles, was seinen Vater betrifft . . .» Meiner Meinung nach war sie ein bißchen eifersüchtig; dabei machte Michael nur deutlich, was die Familie auszeichnete: ein enggeknüpftes Beziehungsgeflecht voller menschlicher Wärme, den «anderen» gegenüber manchmal voller Abwehr und unzugänglich, wobei zu den «anderen» gelegentlich auch die «Angeheirateten» zählten, die «in-laws», die Patricia witzigerweise die «out-laws» nannte.

«Anne, ihr seid schließlich eine indische Familie. Du wirst sehen, daß jüdische Familien oft genauso sind. Und chinesische Familien auch.»

«Ich glaube, Peter tut nur so», sagte Michael. «Wenn Daddy da ist, geht's ihm immer gleich viel schlechter.»

«Warum sprichst du dich nicht mal mit deinem Vater aus, bringst ihn dazu, sich mit dir auseinanderzusetzen, und sagst ihm, was in dir vorgeht?»

In gewisser Hinsicht stimmte es schon, daß Vincent sich seinem ältesten Sohn gegenüber ein wenig anders verhielt als seinen jüngeren Kindern gegenüber, vielleicht deshalb, weil er von ihm so viel mehr erwartete als von den anderen Kindern. Und wieder war es typisch: In chinesischen Familien rackert sich der älteste Sohn sehr häufig sein Leben lang ab, um das Geld zusammenzubringen, das benötigt wird, um seinen Geschwistern eine gute Schule oder ein Studium zu ermöglichen. Dabei war dieses Sich-anders-Verhalten kaum merklich, äußerte sich höchstens im Tonfall und in einer gewissen Haltung dem Ältesten gegenüber. *De facto* war es so, daß Vincent Michael wie einen Erwachsenen behandelte und Peter und Patricia immer noch wie Kinder; doch zu dieser Erkenntnis war Michael noch nicht durchgedrungen. Wie viele feine Unterschiede es in einer Familie gibt! Ich hatte Verständnis dafür, mußte ich doch außer mit dieser indischen auch noch mit einer chinesischen Familie zurechtkommen – und fing an, jetzt auch noch die verzwickten Feinheiten der Beziehungen innerhalb einer amerikanischen Familie kennenzulernen (bei der im Namen der Unabhängigkeit und Selbständigkeit häufig jede echte Beziehung vermieden wird). Ich war mir der Tatsache bewußt, daß Vincent, wenn er mit Michael sprach, manchmal den Blick abwandte, als richtete er die Worte, die er sprach, an die Luft. Das lag an seiner unerschütterlichen Überzeugung, daß Michael schon verstehen würde; im Grunde genommen dachte er nur laut vor ihm. Aber Wortwahl und Haltung, die wir einnehmen, wenn wir diese Worte aussprechen, verleihen der Bedeutung die richtige Form – manchmal aber verbiegen sie sie auch. Manchmal vermittelt eine Silbe in dem emotionalen Brei, den die Familie darstellt – und zwar jede Familie –, mehr oder weniger ein Gefühl des Zurückgestoßen- oder Abgewiesenwerdens. Für Michaels Gefühl fehlte in seinem Dialog mit seinem Vater etwas. Wie eifrig er sich anerboten hatte, sich um Peter zu kümmern. Und doch war es immer noch so, daß dabei sein Vater den Ton angab und nicht er.

«Ich bin allen meinen Kindern gegenüber fair gewesen», lautete Vincents Erwiderung, als ich die Situation ihm gegenüber zur Sprache brachte (und warum sollte ich mich so sehr für seine Kinder einsetzen – doch bloß, weil ich jemand bin, der sich immer engagiert). Selbstverständlich war er *fair* gewesen, nur, daß «fair» für ihn soviel hieß wie: ihren Bedürfnissen entsprechend. Und im Augenblick brauchte Peter ihn am meisten, so wie Patricia ihn vor ein paar Jahren gebraucht hatte. Das tat sie inzwischen längst nicht mehr, denn sie war glücklich verheiratet. Peter hingegen brauchte ihn – so sehr, daß er in gewisser Weise sogar mich opferte ...

Jetzt machte ich einen Fehler. Ich bildete mir ein, daß die leicht angeknackste Vater-Sohn-Beziehung wieder in Ordnung gebracht werden könne, wenn man darüber redete. «Du mußt dich deinem Vater gegenüber wehren und ihm sagen, wie dir zumute ist. Ich bin ihm immer entgegengetreten und habe alles mit ihm besprochen, und das hat großartig geklappt. Er ist Vernunftsgründen gegenüber schließlich aufgeschlossen, weißt du.» Ich setzte ihm auseinander, daß wir unseren Brüdern und Schwestern und Eltern gegenüber unser Leben lang in einem ständigen Entwicklungsprozeß begriffen sein müssen, in dessen Verlauf es gilt, uns neu anzupassen, die Grenzen unserer eigenen Persönlichkeit ständig neu zu bestimmen und sich gegen ihre Übergriffe auf uns zur Wehr zu setzen. Der Mensch ist kein statisches Wesen; er ist etwas Fließendes, ein ständig seine Ortslage verändernder Stern; haben wir das einmal begriffen, wissen wir auch, daß wir täglich, ja stündlich Ausschau halten müssen nach der Veränderung und vor ihr auf der Hut sein. «Dabei ist es wichtig, dafür zu sorgen, daß Beziehungen fortbestehen», sagte ich. «Sie sind es, die uns Wurzeln schlagen lassen; wir brauchen sie, so wie die Pflanzen Nährstoff brauchen. Ihnen auszuweichen und sie zu fliehen, heißt versagen. Wenn wir andere abschütteln, schütteln wir gleichzeitig auch von uns selbst etwas ab. Und das ist eine traumatische Erfahrung, die sich am Ende als selbstzerstörerisch erweist.» Ich dachte zurück an meine eigene Kindheit; an Situationen, die mich fast hätten scheitern lassen; daran, daß ich nicht aufgab, wodurch ich gewann; und jetzt war es mir gelungen, wunderbare neue Beziehungen zu meinen Geschwistern einzugehen, unsere wechselseitigen Rollen neu zu bestimmen – Rollen, die auf jenen basierten, die wir als Kinder den anderen gegenüber gespielt hatten, doch diese jetzt erhöht und als solche begriffen.

«Du kannst von deinem Vater kein Verständnis für dich verlangen, wenn du ihm nicht erklärst, was in dir vorgeht, Michael.»

Michael nickte, auf indische Weise, indem er den Kopf hin und her wiegte, etwas, das mich nach dreißig Jahren Verheiratetsein mit einem Inder immer noch verwirrt.

Vincent, Michael und Peter kehrten nach Indien

zurück. Ich blieb noch eine Zeitlang in China. Schließlich lagen in China meine Wurzeln, war China mein Lebensquell – und war hier so viel zu tun: noch jemand zu umsorgen, für viele andere zu sorgen, für eine gewaltige GROSSFAMILIE, zu der ich gehörte und zu der ich auch bedingungslos gehören wollte. Gleichzeitig aber gehörte ich auch zur außerchinesischen, zur westlichen Welt und jetzt – durch Vincent – auch noch zur indischen. Allen diesen Rollen mußte ich gerecht werden – allem, was das Leben von mir forderte. Karma!

Vier Wochen später kehrte ich nach Indien zurück, nur um festzustellen, daß Peter zwecks Neubestimmung der Medikation und zwecks einer Generaluntersuchung wieder ins Krankenhaus eingeliefert worden war. Vorübergehend waren wir frei von ihm, von der Wirkung, die er auf Michael und Anne hatte, von der ständigen Anspannung, unter die sich sein Vater durch ihn gestellt sah. Anne hatte schon immer unter Migräne gelitten; im letzten Jahr hatten die Anfälle sich gehäuft.

8. KAPITEL

Wenn Anne und ich unterwegs waren und Einkäufe machten, erzählte sie mir mehr über sich, als sie es im Haus jemals getan hätte. Zurückhaltung und gute Erziehung vermittelten bei ihr den Eindruck von geschliffener Liebenswürdigkeit, hinter der man zu Hause gleichwohl ständig die nervöse Angst spürte, man könnte meinen, ihre Manieren seien nicht gut genug. Waren wir jedoch in der Stadt und zogen von Geschäft zu Geschäft, streifte sie ihre anglo-indischen Hemmungen ab, und ich stellte fest, daß sie Wagemut besaß und ehrgeizig war. Sie wollte weiterstudieren. Die Ehe und die drei Kinder waren für sie zu früh gekommen. In der Schule für geistig Behinderte leistete sie harte, gute Arbeit und sollte später für ihre besondere Leistung sogar ausgezeichnet werden. Jetzt jedoch wollte sie zurück an die Universität und einen Abschluß machen, der mit der Erlangung eines akademischen Grades verbunden war.

«Ich möchte was aus mir machen, ehe es zu spät ist. Der Tag wird kommen, da mich meine drei Kinder nicht mehr brauchen. Und da möchte ich es zu etwas gebracht haben, ehe ich zu alt dafür bin.» Dieser Mut und die Entschlossenheit bei der zarten, immer noch wie ein Kind aussehenden Anne erinnerten mich daran, wie ich selbst als Heranwachsende gewesen war. Sie kam aus einer Familie, in der Liebe und Zuneigung reichlich gezeigt worden waren. Vielleicht verleiht auch nach außen hin gezeigte Liebe Sicherheit; und Menschen, die zwischen verschiedenen Welten stehen, Eurasier und Anglo-Inder, sind auf Bestätigung und Sicherheit weiß Gott angewiesen. Jetzt war sie Schwiegertochter in einer indischen Familie, deren Verhalten ganz und gar indisch geprägt und damit maßvoll und eher gehemmt war, wie bei den Chinesen. «Es ist typisch für die Familie, daß sie Zuneigung nie zeigen», sagte Anne etwas verbittert. Ich mußte zugeben, daß in dieser Familie Zuneigung weder durch Worte noch etwa durch Liebkosungen oder Zärtlichkeiten geäußert wurde. Anne verwechselte das fälschlicherweise jedoch mit Kälte, dabei war es nur die totale Verinnerlichung von Gemütsregungen, die schon bei Appa vorhanden war, die aber auch Patricia, Peter, Michael und ihren Vater auszeichnete und die auch in meiner chinesischen Familie vorhanden war, für die überschäumende Gefühlsäußerungen allerdings unverzeihlich schlechte Manieren bedeuteten. Hatte man Kummer, so durfte man auf Gesten wie Arm-um-die-Schulter-gelegt-Bekommen oder Geküßtwerden nicht zählen. Das einzige waren die Augen, diese Blicke, voll von allem Unausgesprochenen und Nichtbekundeten. Ich selbst war damit großgeworden und wußte, daß nicht zum Ausdruck gebrachte Sorge oder Mitleid keine Kälte bedeuteten. Aber ich konnte Anne verstehen.

«Die meisten Menschen in Asien zeigen ihre Gefühle nicht, Anne. Doch das bedeutet noch lange nicht, daß sie keine hätten. Vincent ist ein sehr liebevoller und gütiger Mensch, aber es würde ihm nie in den Sinn kommen, in der Öffentlichkeit meine Hand zu halten; das empfindet er als ungehörig.»

Anne seufzte. Sie war ein wenig westlich angehaucht in ihrem Bedürfnis nach Gestreichelt- und Berührtwerden; sie wollte gezeigt bekommen, daß sie gebraucht wurde und etwas Besonderes war. Ich berichtete ihr von meinem Versuch in Paris, einmal mit Vincent Arm in Arm spazierenzugehen – und seinem Erstaunen darüber. In Indien tat man so etwas selbstverständlich nicht, nein, ganz und gar nicht, und in China kam so etwas gerade eben erst auf . . .

Peters Gegenwart und die Kraft, die seine Anwesenheit Anne wie Michael ständig abverlangte, begann sich auf Michaels Wesen auszuwirken. Geduldig war Michael nie gewesen, und jetzt konnten es Banalitäten sein, kleine Dinge, bei denen Vincent als Vater die Entscheidung traf und mit größter Selbstverständlichkeit erwartete, daß man sich ihnen fügte. Keine Widerrede und keine Diskussion! So lief so etwas nun mal ab; der Mann war es, der den Ton angab. Und Michael litt darunter ebenso wie Anne. Anne wurmte diese Einstellung ganz besonders deshalb, weil sie meinte, das Haus in Bangalur sei *ihr* Haus, in dem sie lebte und das sie in Ordnung hielt. Es war ihre Schutzhülle, gleichsam ein Teil ihrer Persönlichkeit. Sie hatte eine glückliche Hand für Blumen und Pflanzen, und der Garten war durch sie und unter Mithilfe eines alten *mali* oder Gärtners wunderbar gediehen. Wenn Vincent die bestickten Schondeckchen wegnahm, die sie liebevoll unter jede Statuette, jede Schale und jede Vase legte, bekam Anne Migräne. Sie war nun mal anfällig für Migräne und pflegte sich dann stumm ins Bett zurückzuziehen.

Ich sagte zu Vincent: «Du kannst heilfroh sein, daß du eine Frau wie mich um dich hast, die keine Deckchen verteilt und sich aus Nähen, Sticken und Stricken nichts macht.» Denn all das sind Dinge, die Vincent haßt.

Nach seiner Rückkehr aus China hatte Peter drei

Wochen im Krankenhaus zugebracht und war sowohl wegen seines Durchfalls als auch wegen seiner ganz besonders extremen und nicht zu zügelnden Erregbarkeit behandelt worden. Natürlich hatte auch Peter Amöbenruhr gehabt (ich glaube, gut drei Fünftel der indischen Bevölkerung haben schon die Amöbenruhr gehabt), und jeder fragte sich, ob es sich um einen Rückfall oder um einen «psychologischen Durchfall» handelte.

Je apathischer er durch die Tranquilizer wurde, desto mehr legte sich auch seine Darmstörung, und Vincent, der zurückgeblieben war, um über seinen Sohn zu wachen, kehrte nach Hause zurück. Von Lausanne aus riefen wir jeden Sonntag in Bangalur an, um uns nach Peters Befinden zu erkundigen, und ich denke, auch dies trug zu der wachsenden Spannung zwischen ihm und dem jungen Ehepaar bei. Anne und Michael hatten das Gefühl, man traue ihnen nicht vollständig. Vincent bekam jetzt Briefe von Michael, die ich nicht zu lesen bekam, die ihn jedoch zu beunruhigen schienen, obwohl im großen und ganzen wohl aus ihnen hervorging, daß es Peter gut ging. Aber ich spüre es, wenn Vincent sich Sorgen macht. Er wird dann wortkarg, und ich wußte damals, daß er sich mit dem Gedanken trug, nach Indien zurückzufliegen, einfach weil er sich zu große Sorgen machte. Ich fand aber auch, wenn er jetzt fortging, würde uns das nicht guttun, und im übrigen war auch ich völlig verzweifelt.

«Du bist mit mir verheiratet, nicht mit Peter. Ich bekomme dich höchstens sechs Monate im Jahr zu sehen. Auch das nächste Weihnachtsfest und Neujahr willst du wieder mit Peter und nicht mit mir verbringen. Nicht, daß ich mir aus Weihnachten, Neujahr oder auch nur meinem Geburtstag was machte, an dem du ja meistens auch nicht zu Hause bist. Oder aus unserem Hochzeitstag, den du ohnehin immer vergißt. Aber hast du dich jemals gefragt, wie mir bei alledem zumute ist?»

Armer, armer Vincent! Mit kläglich klingender Stimme brachte er vor: «Aber du brauchst mich nicht so sehr wie Peter. Du hast China, hast eine ganze Welt für dich, hast deine Bücher . . .» Das sollte in all den Jahren von Peters Krankheit ein Thema sein, das immer wieder auftauchte, und natürlich hatte er recht. Er hatte recht, weil ich in gewisser Weise so viel mehr von der Welt und ihren Wundern habe, mit denen ich mich auseinandersetze, als andere. Dafür besitzt er jene allumfassende Gefühlswelt, ohne die ich verdorre. Er hat nie gezögert, auf das, was man Erfolg oder Leistung nennt, zu verzichten, weil ich ihm wichtiger war als sein eigener Erfolg. Was er jedoch jetzt meinte, war: «Du bist eine starke Frau. Du wirst überleben und schaffen, was du dir vorgenommen hast. Auch ohne mich. Peter hingegen braucht mich, und ich muß nun mal dorthin, wo ich gebraucht werde.» Selbstverständlich hatte er auch damit recht. Ich bin gesund und kräftig – und auch ich muß mein Teil dazu beitragen, daß Peter von der Krankheit in die Gesundheit zurückkehrt. Von der Anormalität bis zur Halb-Normalität, was immer das Wort Normalität bedeuten mag. Das hat nichts mit der habgierigen Welt zu tun, in der wir leben und in der wir den Schwachen auf dem Kopf herumtrampeln. Hier geht es um eine Welt der Fürsorge und des Beieinanderseins – selbst wenn es schwer ist, dem immer gerecht zu werden.

*

Michael war hin- und hergerissen zwischen der Qual der Selbstverwirklichung und der Selbstverleugnung. Einer Selbstverleugnung, die sich abträglich auf die Vorstellung auswirkte, die er selbst von der Rolle hatte, seinen jüngeren Bruder zu umsorgen, und die ihr einen Makel aufdrückte. Er und noch mehr Anne hatten das Gefühl, sehr wohl imstande zu sein, mit Peter fertig zu werden. Michael wollte mit seiner Umsorgung Peters unbedingt Erfolg haben; was er jedenfalls nicht haben wollte, war, daß sein Vater ihm ständig auf die Finger sah und ihm sagte, was er tun solle und was nicht. Darüber war ich mir sehr wohl im klaren, nur war es äußerst schwierig für mich, mich einzumischen; außerdem war ich nicht wenig besorgt über die Art und Weise, wie Michael seine Pflicht verstand. In mancher Beziehung waren Michael und Anne zu wissenschaftlich-rational, und die Worte: «Es ist besser, Peter nichts durchgehen zu lassen», tauchten zu wiederholten Malen in seinen Briefen auf. Offenbar hatte er sich immer noch nicht von dem Argwohn freigemacht, Peter simuliere, und alles sei «nur Theater»; ich selbst konnte mich ja bisweilen auch nicht des Gefühls erwehren, daß Peter absichtlich alles tat, um uns wütend auf sich zu machen. Michael fand, Peter brauche Disziplin; er glaubte aufrichtig, ein ordentliches Leben und ein geregelter Tagesablauf seien nötig für Peter. Genau das aber schien Vincent immer wieder über den Haufen zu werfen, indem er Peter erlaubte, zu spät zum Essen zu kommen und morgens bis in die Puppen zu schlafen . . .

Ich selbst meinte, die Art, wie Vincent mit Peter umging, sei im großen und ganzen am besten für ihn. Was er ihm langsam wieder angewöhnte, war eine

Rückkehr zu körperlicher Sauberkeit und Eßmanieren; in anderen Dingen ließ er die Zügel ziemlich schleifen. So durfte Peter alles *sagen,* was er wollte, und sogar fortgehen (selbstverständlich immer in Begleitung), während alle auf ihn warteten. Er wollte Peter das Gefühl vermitteln, mehr oder weniger ohne irgendwelche Beschränkungen zu leben, auch wenn er die ganze Zeit über einen Leibwächter dabei hatte. Er ermunterte Peter, seine Freunde zu besuchen. Das tat Peter auch, das heißt, er suchte sie in ihrem Haus auf, während der Leibwächter draußen auf ihn wartete. Vincent machte sogar den Vorschlag – dem Anne sogleich nachkam –, im Haus Partys zu geben, bei denen ein lauter und lebhafter Peter den Gastgeber spielte. Vincent versuchte, Peter so weit wie möglich einem normalen Leben und anderen Menschen auszusetzen. Und die Tatsache, daß Peter sich an sein früheres Leben erinnerte, ihm auch die Namen seiner Freunde wieder einfielen und er sich maßlos freute, sie wiederzusehen – all das schienen ermutigende Zeichen für eine Genesung.

Michael jedoch hatte da andere Vorstellungen, und diese entfernten sich womöglich noch weiter von Vincents, als er und Anne die Bekanntschaft eines gewissen Gastprofessors aus dem Westen machten, eines Psychologen, an den sie sich jetzt um Peters willen wandten. Allem Anschein nach überzeugte der Psychologe sie davon, daß Peter unbedingt «Disziplin» brauche; fortan hörte ich nichts als Formeln darüber, «wie mit Peter umzugehen war», Formeln, die geradewegs dem Fachjargon dieses Professors entnommen waren. Ich weiß nicht, ob dieser Experte (der zweifellos überaus qualifiziert war und sich große Verdienste erworben hatte) Peters Problem verstand oder ob er über echte Erfahrungen mit abweichenden, unberechenbaren und launisch-veränderlichen Verhaltensformen hatte, wie sie sich aus den Folgeschäden einer tuberkulösen Meningitis ergeben.

Da ging Peter etwa eine Straße entlang, blieb stehen, starrte einen Wildfremden an, trat auf ihn zu und fragte ihn: «Was halten Sie von Indien?» oder: «Glauben Sie an Gott?» Verdutzt und argwöhnisch, aber immer noch höflich, blickte der so Angesprochene dann den Leibwächter an oder er lächelte nur und ging weiter. – Oder Peter sah einen Bettler am Straßenrand, ging zu ihm und gab ihm Geld. Denn Vincent gab Peter Taschengeld, um seine Selbstachtung zu stärken. Viele, viele Monate hindurch schenkte Peter nun alles Geld weg, das er bei sich hatte, und gab und gab. Und Vincent unternahm nichts dagegen. – Oder Peter redete mit sämtlichen Motor-Rikschafahrern, die mit atemberaubender Geschwindigkeit dahinschießen und wendig ihre kleinen, gelben, käferartigen Gefährte durch den dicksten Verkehr lenken. Er fragte sie wohl, was sie vom Kastenwesen hielten und wieviel sie pro Tag verdienten. Einer von ihnen freundete sich mit ihm an und schrieb ihm sogar eine Postkarte: «Peter, Du bist mein Freund.»

Im Jahre 1980 hatten wir es auch gewagt, mit Peter ins Restaurant zu gehen, doch schrie er dort und fuchtelte mit den Armen, so daß wir ihn nach Hause zurückbringen mußten. Die Kellner aber lächelten. Dafür hatten sie Verständnis. Und Vincent ließ sich von seinem Vorhaben nicht abbringen. «Wir müssen es weiter versuchen ... wenn man ihn von allem fernhält, lernt er es nie.» Vincents Idee, Peter in jeder Weise zu «stimulieren», betraf auch mich. Ich war eine große

«Stimulatorin» für Peter. «Er unterhält sich so gern mit dir», sagte Vincent. Ich weiß nicht, ob «sich unterhalten» genau das trifft, was wir taten, aber ich versuchte es.

Michaels Psychologe hingegen vertrat die Ansicht, Menschen, die nicht normal wären, müßten strikt «unter Kontrolle» gehalten und beschützt werden. Und Schutz bedeutet in gewisser Weise, den Patienten in seinen Aktivitäten beträchtlich zu beschneiden, ja, ihn fast zu isolieren. Das geschieht bei vielen Familien, denen es peinlich ist, mit ihren anormalen Kindern gesehen zu werden und die sie daher eingesperrt halten, sie fortgeben oder einfach nicht mit allem fertig werden, was getan werden muß, Familien, die die Verantwortung und die unerbittliche Forderung nach Aufmerksamkeit überfordert. Daher die Verwendung von Tranquilizern, um die Kranken antriebslos zu machen und «ruhigzustellen». Vincents Vorstellung, uns alle einzusetzen, um sämtliche Gehirnzellen zu mobilisieren, die sich bei Peter noch mobilisieren ließen, um neue Reaktionen und Verhaltensweisen einzuüben oder wiederzuerwecken, stellte ein Experiment dar, das wahrhaftig nicht leicht durchzuführen war.

Im Jahre 1980 stand ich selbst unter vielfältigem Streß; einmal bekam ich eine Grippe, und ich erinnere mich an einen Morgen, da ich mutterseelenallein in Lausanne war; mir war schwindlig vom Fieber, und ich konnte niemanden anrufen (es war ein Sonntagmorgen) außer meinen Freunden in der chinesischen Botschaft in Genf. Die kamen selbstverständlich umgehend mit Antibiotika und Fürsorglichkeit. Ich jedoch kam mir im Stich gelassen vor, war verbittert und schämte mich sogar. Ich wollte in diesem Augenblick kein Mitleid.

Wieder stellte die Eifersucht sich ein und verhöhnte mich. Ich zählte ja nicht! Was war ich, was wurde in dieser Lage aus unserer Ehe. Wieso mußte ich mich einfach benutzen lassen? Wie kam ich dazu, mich mit alledem abzufinden ... Selbstmitleid befiel mich, und es dauerte ganze zwei Tage, bis ich mich wieder davon befreit hatte.

Vincent kam zurück und verkündete, nach einer Aussprache mit Michael sei alles in Ordnung. «Ich habe ihm gesagt, was er tun soll», sagte Vincent.

«Du hast mir gefehlt», sagte ich.

«Du mir auch», erwiderte er, und das war ganz ernst gemeint.

«Dann laß dir von mir sagen: Nichts hast du in Ordnung gebracht. Michael ist kreuzunglücklich darüber, wie alles ist. Ich meine, du solltest dafür sorgen, daß Peter eine Hälfte des Jahres bei deinen Brüdern und Schwestern in Madras verbringt und die andere Hälfte bei Michael in Bangalur. Dann wird es für Michael und Anne jedenfalls ein bißchen erträglicher.»

«Ich habe Peter gefragt, aber er will nicht fort aus Bangalur», sagte Vincent ohne jedes Arg.

«Er wird alles tun und sagen, bloß um ein kleines Kind zu bleiben. Er möchte ein Kind sein. Das hat er mir wörtlich gesagt: ‹Ich möchte ein kleines Kind sein.› Was sich im Moment bei ihm abspielt, ist doch nichts als Regression.»

«Woher weißt du das?»

«Ich fühle das.»

Natürlich glaubte Vincent mir nicht. «Wir werden sehen.»

Es vergingen ein paar Wochen. Vincents Bruder Basil fuhr nach Bangalur und schrieb einen vorsichtig formulierten Brief. Ich konnte mir lebhaft vorstellen, was geschah. Peter, der gern Spaziergänge machte (mit Vincent oder dem Leibwächter), suchte die Marktstraßen auf, ließ sich etwas zu essen oder zu trinken geben und ging dann weg, während der Leibwächter bezahlte. Jetzt jedoch wurden diese Spaziergänge eingeschränkt, weil er sich schlecht benahm. Michael ging getreulich mit ihm zum Arzt und zum Psychologen und berichtete, beide seien mit dieser neuen Regelung einverstanden.

«Peters Genesung hat keine ermutigenden Fortschritte gemacht», schrieb Michael. «Vielleicht liegt das an folgendem: Seine Kindheit mit der unseligen Verzärtelung, die einen emotionalen Krüppel aus ihm gemacht hat, seine mangelnde Fähigkeit, sich für eine ganz bestimmte Verhaltensweise zu entscheiden . . .»

Ich las die Worte. Woher hatte Michael diesen Fachjargon? Doch wohl offensichtlich von dem Psychologen.

«Wir müssen aufhören, ihn mit Glacéhandschuhen anzufassen. Sein Pfleger (der Leibwächter) ist überflüssig. Seine Ernährung muß streng kontrolliert werden und sollte mäßig sein. Man muß die Mahlzeiten benutzen, um ihn für erfüllte Aufgaben zu belohnen . . .»

Verdammt, verdammt, verdammt! Welche Aufgaben konnte Peter denn schon erfüllen? Und wer wollte ihn antreiben, sie zu erfüllen, zu versuchen, sich auf das zu konzentrieren, was er tat? Die Art und Weise, wie hier an das Problem herangegangen wurde, mochte «wissenschaftlich-rational» richtig sein, aber bei Peter würde nichts dabei herauskommen.

Auch Anne schrieb. Sie stellte sich ganz hinter Michael und seinen Plan, aus Peter einen sich gut benehmenden, fleißig arbeitenden, normalen Menschen zu machen. – Als ich diese Briefe las, wußte ich, daß irgend etwas explodieren mußte – und begriff jetzt besser, was Vincent versuchte – und wie schwierig es war, das zu tun. Aber Vincent hatte recht. Er kannte seinen Sohn, kannte seine Halsstarrigkeit und wußte, daß man mit Gewalt überhaupt nichts bei ihm ausrichtete.

Ich machte mir wieder klar, was für ein Mensch Vincent war, welche Herzensgüte er besaß, dachte darüber nach, wie er reagierte, wenn jemand zu ihm sagte: Würdest du mir helfen? – Ohne zu zögern und mit größter Bereitwilligkeit würde er es tun. Genauso war Peter. Er mußte mit Geduld und Liebe angetrieben werden, man mußte ihn durch Bitten bewegen, etwas zu tun. Mit Zwang erreichte man bei ihm gar nichts. Peter hatte Priester werden wollen. Später hatte er eine fabelhafte Stellung ausgeschlagen und statt dessen in südindischen Dörfern Brunnen gebohrt.

Siedendheiß fiel mir ein, wie ich Vincent, der in Indien war, am Telephon beschimpft hatte. «Ich bin krank gewesen», hatte ich geschrien. «Ich kann so einfach nicht mehr weitermachen . . .»

«Dann werde ich sofort heimkommen», hatte Vincent gesagt. Und ich hatte mich geschämt.

«Nein, tu das nicht. Ich hab' das ja nur erfunden . . . Ich bin gar nicht krank, hatte nur den Hals ein wenig voll . . .»

«Aber was kann ich tun?» hörte ich Vincents Stimme am Telephon.

«Wohl nichts anderes als das, was du tust.»

Was hatte Vincent nicht alles getan, um mir zu helfen. – Nur, daß jetzt etwas anderes Vorrang für ihn besaß.

«Vincent, du mußt zurück nach Indien. In Bangalur wird Peter so nie gesund. Du mußt ihn nach Madras bringen.»

*

Also zurück nach Indien – erst Vincent, ein bißchen später auch ich. Ich flog allein und landete in Bombay. Der Flughafen von Bombay stellt die Geduld eines jeden Reisenden auf eine harte Probe. Umständlichere Formalitäten sind kaum vorstellbar. Dabei ist dies nicht die Schuld des indischen Zolls oder der Beamten, die die Pässe kontrollieren, sie stempeln, noch einen zweiten Stempel hineindrücken, Formulare ausfüllen und etwas in ein Buch eintragen, dann Paß samt Formularen an einen weiteren Beamten weitergeben, der alles noch einmal nachprüft ... und all dies für gewöhnlich zwischen zwei und sieben Uhr in der Frühe, der Zeit, da die Maschinen aus Europa und von den Golfstaaten landen. Immer gibt es ewig lange Schlangen, die immer länger werden, wenn ein Flugzeug nach dem anderen die Passagiere ausspuckt. Denn auf dem Flugplatz von Bombay herrscht immer größte Geschäftigkeit, und über Bombay läuft eine ganze Menge an Schmuggel. Nicht nur Drogen werden geschmuggelt, sondern auch Gold und Schmuck, so daß die Zollbeamten das Gepäck für gewöhnlich sehr gründlich durchsuchen – und meistens dauert das lange, denn insbesondere arabische und indische Passagiere führen riesige Mengen Gepäck mit sich. Fast täglich meldet die indische Presse geradezu triumphierend, daß Gold oder Drogen – «in einem Radio versteckt» oder «in einer Matratze verborgen» – entdeckt wurden. Früher gab es jedenfalls Gepäckträger, die einem für fünf Rupien (etwa DM 1,50) bereitwillig die Koffer aus dem Flughafengebäude hinaustrugen. Jetzt gibt es nur noch die Gepäckkarren, was das Aus-dem-Flughafen-Hinauskommen zu einem geradezu traumatischen und das Selbstbewußtsein zerstörenden Abenteuer macht. Für eine Frau allein ist es unmöglich, einen Karren zu ergattern, denn diese stehen alle außerhalb des Flughafens und werden nur selten hineingerollt. Inder lassen Frau und Kinder beim Gepäck zurück (durchschnittlich zehn Koffer für eine vierköpfige Familie), verlassen überlegen und mit großen Schritten das Flughafengebäude, jagen höflich und bestimmt anderen indischen Herren, die ähnliches vorhaben, die Beute ab und kehren triumphierend und manchmal mit zwei oder gar drei Gepäckkarren zurück ... aber eine Frau ohne Begleitung ist wirklich arm dran. Den Paß samt Formularen verkrampft zwischen den Fingern (manchmal sogar zwischen den Zähnen), schleppte ich meine beiden Koffer, eine Schultertasche und meine Handtasche durch den schmalen, immer von Gepäckkarren hinein- oder hinausschiebenden Herren blockierten Ausgang und fand Vincent besorgt, aber geduldig auf dem ins Freie führenden Gang auf mich warten. «Hast du keinen Karren bekommen?» fragte er. Mir ist zum Aus-der-Haut-Fahren. Doch ich tu's nicht.

Diesmal fiel mir Vincents besorgtes Aussehen auf. «Peter geht es nicht besonders. Er hat die Ruhr und ist furchtbar vom Fleisch gefallen ... Ich glaube, er geht Michael schrecklich auf die Nerven.»

Wir fuhren am nächsten Nachmittag nach Bangalur, wo Michael mich freundlich lächelnd begrüßte. Der gute, hilfsbereite, es gut meinende Michael, der sich soviel Mühe gab, genau das Richtige zu tun. Vielleicht hatte er das Gefühl, ich zöge ein wenig am selben Strang mit ihm, denn in China hatte ich ihm gesagt: «Du solltest mit deinem Vater darüber reden.»

Peter war in seinem Zimmer. «Er schläft», sagte Michael. Ich wartete, und dann stand Peter auf, denn es war Teezeit, und sein Anblick versetzte mir wirklich einen gelinden Schock. Er war erschreckend abgemagert und hatte mindestens zehn Pfund an Gewicht verloren. Doch wie gewöhnlich war er bei meinem Anblick überschäumend laut und schrie und fuchtelte mit den Armen in der Luft herum. «Du weißt ja, ich mag dich sehr, sehr gern ... du weißt, ich kann's dir nicht sagen ...» Woraufhin er abbrach, unvermittelt aufstand, das Zimmer verließ und gleich darauf wieder auf mich zukam. «Sag mir, glaubst du an Gott?»

«Nein, Peter.»

«Aber das ist eine Todsünde ...»

«So ein Jammer.»

Er lachte, kicherte, bekam einen Krampf, und sein Fuß zuckte, klopfte hilflos auf den Boden.

«Beruhige dich, beruhige dich», sagte Vincent zu ihm.

«Ja, Daddy.» Er beruhigte sich. «Ich möchte dir sagen, hm, dir sagen, daß es mir nicht gut geht.»

Vincent hatte Michael beizubringen versucht, daß der Psychologe seiner Meinung nach nicht recht habe, was Michael tief betrübte. «Peter spielt weiter Theater», sagte er zu mir. «Anne und ich haben den besten Psychologen in Bangalur konsultiert ...»

Ich machte einen Spaziergang mit Anne; wir suchten das Haus des Kunsthandwerks in Bangalur auf. Zwischen geschnitzten Elefanten und intarsierten Tischen sagte ich: «Anne, Peter wird zu dünn, viel zu dünn ...

es ist möglich, daß dies ganz und gar nicht die richtige Behandlung für ihn ist.»

Anne fühlte sich ein wenig in die Defensive gedrängt. «Richtig, er ist ein bißchen dünn, aber der Arzt sagt, es fehle ihm nichts.» Immerhin räumte sie ein, daß Peter, wenn er zu den Mahlzeiten nicht rechtzeitig da war, gar nichts zu essen bekam. «Er muß lernen, zu essen, wenn alle anderen auch essen; sonst wissen die Kinder überhaupt nicht mehr, woran sie sich halten sollen.»

Peter fehlte auch wirklich nichts – außer, daß er unglücklich war und halsstarrig und nicht essen wollte. Ich glaube sogar, daß er sich absichtlich in die Hose machte, eben weil er unglücklich war. Der «negative Zug» bei ihm stellte sich wieder ein – oder vielmehr war Peter dazu zurückgekehrt.

So standen die Dinge, als Vincent die Entscheidung traf, daß es für alle Beteiligten besser wäre, wenn Peter die Hälfte des Jahres in Madras lebte und die andere Hälfte in Bangalur bei Michael und Anne. «Damit verringert sich der Streß für alle. Das ist hier doch für alle viel zu viel!»

Nur für mich selbstverständlich nicht, dachte ich voller Bitterkeit. Aber ich bin zäh, o ja, zäh und stark und ach so gesund. Mit mir ist ja alles so wunderbar in Ordnung! Als ich jedoch merkte, wie Peter auf ein gut gemeintes, gleichwohl jedoch ungeeignetes Programm reagierte, stieg eine mächtige Welle des Mitleids für ihn, für Vincent und für Michael und Anne in mir auf. Schließlich war nicht ich es, sondern Vincent, der das größte Maß an Liebe und Fürsorge aufbrachte – und der sich überdies zwischen uns aufrieb und die Entscheidungen treffen mußte ...

*

Vincent brachte seinen Sohn nach Madras, und Peter wohnte bei Aggie, Vincents jüngster Schwester, ihrem Mann Patrick und ihren drei Kindern. Die fünfköpfige Familie lebte in einer kleinen Wohnung im Foreshore Estate, jener Wohnanlage für mittlere Einkommen, die ich so oft besucht hatte, weil Appa, Vincents Vater, gleichfalls dort gelebt hatte, nachdem er aus dem großen Haus gegenüber der Kathedrale ausgezogen war, weil er den Lärm von der Bushaltestelle vor dem Haus nicht hatte ertragen können. Peter bewohnte jetzt das Zimmer samt zugehörigem Bad, in dem Appa früher gelebt hatte. Die Eltern mit den drei Kindern mußten sich das zweite Bad teilen und mit den verbleibenden anderthalb Zimmern vorlieb nehmen, wobei das halbe Zimmer im Grunde eine Erweiterung des Flurs bildete, in dem nachts die beiden Mädchen schliefen. Das waren schon sehr beengte Verhältnisse, und ich habe mich oft gefragt, wie Aggie und Patrick und ihre Kinder die Unbequemlichkeit in der Madraser Hitze haben aushalten können.

«Ist schon in Ordnung, wir werden gut zurechtkommen», erklärte Patrick, verzog den Mund zu einem breiten Lächeln und wiegte den Kopf seitlich hin und her, womit Inder zu verstehen geben, alles wäre bestens. «Keine Sorge, Suyin, wir werden schon dafür sorgen, daß Peter sich wohl fühlt.»

Thomas schlief im Zimmer seiner Eltern. Er konnte schon nicht mehr gehen, seine Beinmuskeln verkümmerten; aber aufrecht sitzen und die Arme bewegen konnte er noch. Er ging in die Schule, das heißt, seine Mutter Aggie brachte ihn jeden Morgen mit einem Fahrrad auf drei Rädern hin und holte ihn auch wieder ab. Er war ein sehr aufgewecktes Bürschchen, und alle in der Schule liebten ihn; er bekam nur die besten Zeugnisse. Am Abend saß er mit seinen Eltern und Schwestern am Tisch beim Essen, danach zeichnete er oder schrieb. Später, nachdem ein Fernsehapparat angeschafft worden war, setzten sie ihn auf einen Sessel und stopften ihm Kissen in den Rücken, damit er fernsehen konnte, besonders die Sportsendungen, in denen über Cricket berichtet wurde.

Jetzt drehte sich alles in der Familie um Peter. Vincent stellte genaue Pläne für sie alle auf, denn alle wechselten sich mit der Betreuung Peters ab. Bruder Basil und Bruder Benny kamen jede Woche für ein, zwei Tage, um Peter Gesellschaft zu leisten. Ein Pfleger wurde nicht eingestellt. Die Familie erledigte alles. Auch Schwester Theresa kam, ebenso Ciddy. Sie luden Peter regelmäßig einmal die Woche oder auch häufiger zum Mittagessen zu sich. Außerdem ging Theresa morgens mit Peter spazieren. Später, als Peters Mutter zu Theresa zog, ging Peter seine Mutter besuchen, doch regte sie sich schrecklich über sein Verhalten auf, insbesondere wenn er schrie, und so wurden die Besuche eingeschränkt.

Ob es Peter wohl gelang, sich an die beengten Verhältnisse zu gewöhnen?

«Ich mag Madras nicht. Ich möchte zurück nach Bangalur, Daddy.»

«Du wirst ja bald wieder nach Bangalur zurückkehren, aber im Moment brauchen Michael und Anne erst einmal ihre Ruhe. Sich um dich zu kümmern, hat sie sehr mitgenommen.»

«Wieso das, wieso das? Weil ich verrückt bin, nicht?»

«Nein, Peter, du bist nicht verrückt. Aber du bist krank gewesen, und jetzt mußt du dich zusammenreißen. Halb hast du es schon geschafft, wieder gesund zu werden, und bald, bald bist du wieder ganz in Ordnung . . .»

«Was habe ich denn gehabt, Daddy? Sag es mir, sag mir, was wirklich passiert ist?»

Peter war sich bewußt, daß irgend etwas mit ihm «nicht stimmte». Manchmal fing er an zu weinen, weil, wie er sagte, etwas mit ihm «los» war. Dann wandte er sich an seinen Vater und bat ihn, ihm zu erklären, wieso es dazu gekommen war. Und Vincent erklärte es ihm, und manchmal erklärte auch ich es ihm. Jawohl, er sei krank gewesen, nein, es habe nichts damit zu tun, daß er gesündigt hätte, und es gehe ihm zunehmend besser. «Nur noch ein Jahr, mein Sohn, ein Jahr nur noch . . . du mußt Briefe schreiben, Peter, du hast schon wieder so schön geschrieben. Und du mußt lesen, Bücher lesen . . .»

«Ja, Daddy.»

Ohne irgendwelche Theorien, ohne jede psychologische Ausbildung, nur kraft der erhabenen und gelassenen Zuneigung (jener erhabenen Zuneigung, die ganz aus ihrem Inneren kam und sie auch klaglos das schwere Los ihres Sohnes Thomas hinnehmen ließ), schickten Patrick und Aggie und der Rest der Familie sich an, ihr Maß an Fürsorge für Peter zu übernehmen und ihn zu pflegen. «Keine Sorge, wir machen das schon. Peter muß spüren, daß er geliebt wird. Das ist alles.»

Michael war erbost. Daß man Peter von Bangalur nach Madras gebracht hatte, war für ihn der Beweis, daß man ihm nicht traute. Es war schwierig, ihm zu erklären, daß es so besser für alle Beteiligten war – vor allem aber besser für ihn selbst. Peter hatte die Ehe stark belastet.

Später überwand Michael seinen anfänglichen Zorn, und Vincent sagte zu mir: «Michael hatte Peter in der schlimmsten Zeit. Er hat versucht, sein Bestes zu tun.» Aber zuletzt waren alle der Meinung, daß Peter erst dann nach Bangalur zurückkehren sollte, wenn er innerlich gefestigter wäre – doch darüber sollten noch weitere drei Jahre vergehen.

9. KAPITEL

WORTE sind wie japanische Wandschirme, wie Vorhänge, hinter denen Menschen sich verbergen und die Neugierige ein wenig lüpfen, um einen Blick von dem Sprecher zu erhaschen, den sie indes nur halb zu sehen bekommen. Das Wort ist zur Hälfte der, der es sagt, zur Hälfte der, der zuhört, sagt Montaigne. Denn immer liegt zwischen Wort und Wirklichkeit die Hilflosigkeit des Unvollkommenen, die getrübte Annäherung, die eingebettet ist in das Wort, in die tausend Verbote, die wir uns unbewußt selbst geben, in die Kraft, die uns zum Schweigen bringt oder uns veranlaßt, Ausflüchte zu machen oder etwas zu beschönigen. Wo wären wir wohl, wie könnten wir leben ohne ein gewisses Maß an Heimlichkeit? Wie sollten wir es fertigbringen, uns selbst in die Augen zu sehen, ohne (zumindest teilweise) schizophren zu werden? Wenn ich daher den Vorhang vor Peter wegziehe, enthülle ich nur, was uns allen Peters wegen widerfahren ist. Peter selbst bleibt schuldunfähig, bleibt unberührbar in seiner Welt, in der Kontrollen nur schwach ausgebildet sind oder überhaupt fehlen. Es ist unmöglich, ihn zu überrumpeln und ihn bis ins letzte zu durchschauen.

Immerhin, das Ziel, Peter soweit wiederherzustellen, daß es ihm besser ging, ist erreicht worden. Auf diesen Erfolg kann die Familie stolz sein: Vincent, der nie aufgegeben hat, nie in seiner Entschlossenheit wankend wurde. Aggie, Vincents jüngste Schwester und ihr Mann Patrick, die von 1980 bis heute nie versagt und sich Peters in jeder Beziehung angenommen haben. Basil, Benny und Theresa, Vincents Brüder und seine Schwester, die sich abwechselten, mit Peter spazierenzugehen, ihm seine Pillen gaben, sich zu ihm gesetzt und sich mit ihm unterhalten haben, die Bus mit ihm gefahren sind und Eisenbahnreisen mit ihm unternommen haben ... In den ersten beiden Monaten in Madras – vom September bis November 1980 – nahm Peter wieder zu, seine Ruhr konnte gestoppt werden. Ganz allmählich wurde er sich seiner Darmtätigkeit wieder bewußt und fing an, von allein auf die Toilette zu gehen. Er machte nur noch einmal die Woche in die Hose, dann nur alle vierzehn Tage und später noch nur einmal im Monat ... Heute bringt Peter lange Perioden hinter sich, ohne daß «ein Unglück passiert», wie Patrick es ausdrückt. Er badet und rasiert sich und zieht sich selbst an. Mit seinen Schuhen ist er sehr eigen. Vincent kauft ihm elegante Schweizer Bally-Schuhe, weil Peter Wert darauf legt, gutes Schuhwerk zu tragen. Daß Peter das Bedürfnis hat, adrett und gut angezogen zu sein, ist ein beachtlicher Fortschritt. Selbstverständlich kommt es zu Rückfällen, und er hat Anfälle, bei denen er herumschreit; selbstverständlich gibt es das, was Patrick und Aggie «seine nicht so guten Tage» nennen, doch stellen diese sich immer seltener ein. Gewalttätig wird er übrigens nie, auch dann nicht, wenn er, was manchmal vorkommt, äußerst erregt ist.

Peters wegen gibt es in der Wohnung ein Telephon, und ein solches zu bekommen, ist in Indien äußerst schwierig. Appa hatte eines, aber Appa war schließlich Mitglied des *Radjah Sabah* – doch nach seinem Tod im Jahre 1977 war es prompt abmontiert worden. Vincent machte sich ein Vergnügen daraus, seine Beziehungen spielen zu lassen und mit Attests in der Hand, aus denen hervorging, daß Peter aus medizinischen Gründen ein Telephon brauchte, die entsprechenden Beamten aufzusuchen. Die indische Bürokratie funktioniert, wie übrigens die Bürokratien in ganz Asien, nur dann, wenn irgendwelche Druckmittel angewandt werden, und Vincent versteht es, diese einzusetzen. Patrick ist dafür viel zu schüchtern, und Benny und Basil besitzen keine Hebel, die sie ansetzen könnten. Bewundernd sehe ich zu meinem Mann auf, wie er redet, die Wahrheit für seine Zwecke ein wenig zurechtbiegt, Druck ausübt und drängelt ... und am Schluß bekommt, was er will ...

Eine Klimaanlage. So etwas stellt für Angehörige der mittleren Einkommensklassen in Madras einen unerhörten Luxus dar. Vincent ließ in Peters Zimmer eine installieren, damit dieser es in der unbarmherzigen, feuchten Hitze von Madras behaglich hat und nachts gut schlafen kann. Wie oft denke ich an die anderen, die sich in Schweiß gebadet hin und her wälzen ... und sich nicht beklagen. Kein Wort der Klage in den letzten fünf Jahren von Patrick, Aggie und ihren drei Kindern, die keine Klimaanlage haben ...

Behütet, von Liebe und Fürsorge umgeben und von Geduld, unendlicher Geduld, erholte Peter sich physisch in etwa zwei Monaten, und geistig trat er die lange Reise an, der es bedurfte, um ihn zu dem werden zu lassen, der er heute ist.

Das erste Anzeichen: Er fing an zu lesen. Er las flüchtig. Seine Aufmerksamkeit, seine Konzentration hielt nicht länger als drei Minuten an, doch seit Anfang 1985 wurde es immer besser, wurden diese Zeitspannen immer größer. Er fraß sich regelrecht durch meine Bücher. Eines habe ich mit Anmerkungen von seiner

Hand versehen gefunden. An den Rand schrieb er, was er dachte. Braucht er auch Monate, um ein Buch durchzulesen, so erinnert er sich jedenfalls an das, was er gelesen hat.

Und er fing an zu singen. Eines Abends saßen alle beisammen (ich war wieder in Indien, nahm mir zwischen zwei Büchern oder anderen Arbeiten frei), da begann Peter, auf der Mundharmonika zu spielen und zu singen.

Langsam, ach, unter unendlichen Mühen und unter tausend Umwegen kroch Peter zurück, rang Peters Gehirn damit, wieder zu funktionieren ...

Seine Mundharmonika. Jahrelang hatte er sie nicht angerührt; dabei hatte sie ihn nach England und Belgien, nach Libyen und in den Iran begleitet. An diesem Abend nun spielte er darauf und sang.

> «In the sudden part of Texas, in the town
> of Xanafu
> Lies a fortress all in ruins that the weeds
> have overgrown ...»

Später schrieb er den Text auf, schrieb *sudden* (plötzlich) statt *southern* (südlich) und *Xanafu* statt San Anton.

«Peter, Peter, woher kennst du dieses Lied?»

Zuerst sieht Peter mich stumpfsinnig an, dann fängt es in ihm an zu arbeiten, er tappt wie blind in der Erinnerung herum, gibt sich sichtlich Mühe.

«Ich hab's im Radio gehört ...»

«Wo?»

Wieder Herumgetappe. Er strengt sich sehr an. Das dauert etwa zehn Minuten. Dann geht er auf und ab, verschwindet in seinem Zimmer, kommt wieder.

«Wo, Peter?»

«In Bangalur . . . als ich bei Michael und Anne war.»

Trotz der Tatsache, daß Peter in Bangalur physisch dahingekümmert war und angefangen hatte, sich mit seinem besonderen Eigensinn buchstäblich zu Tode zu hungern, weil er die Disziplin nicht ertrug, hatte sein Geist nicht brach gelegen. Später sollte er zu seinem Vater sagen: «Michael hatte recht, ich war sehr ungezogen, Daddy. Ich habe in die Hose gemacht.» Und an seinen Bruder schrieb er:

«Vielen Dank für Deinen Besuch . . . ich hoffe, ich sehe Euch alle wieder . . . Ich möchte Euch sagen, wie gern ich Euch habe. Ich kann es nicht oft genug sagen.»

Peter fing an, Briefe zu schreiben. Freilich, damit hatte er bereits in Bangalur begonnen, ehe er nach Madras gebracht worden war. So schrieb er im Sommer 1980 folgendes: «Lieber Daddy, hier ist der Brief, den zu schreiben ich Dir versprochen habe. Basil Onkel ist gekommen . . . Anne ist nach Amerika . . . Lakshmi Köchin läßt grüßen . . . Bitte sag mir, wann Du herkommst . . .»

Die Handschrift ist verkrampft, entstellt, die Wortstellung des Tamil-Englischen mit der charakteristischen Inversion *Basil Onkel* und *Lakshmi Köchin*, doch sonst ist der Inhalt verständlich und zusammenhängend; auf die Rückseite des Briefumschlags schrieb er sogar seinen Namen und seine Bangalurer Adresse.

Der nächste Brief kommt aus Madras und stammt vom 7. September. «Ich bin froh, bei Aggie und Patrick zu sein . . . Die Hitze ist erträglich . . . Daddy, bitte komm bitte her, so bald Du kannst, damit ich zurück kann nach Bangalur; ich möchte mir dort ein eigenes Haus einrichten . . .»

Und am 8. Oktober: «Ich bin mit Theresa, Lisa und Basil im Kino gewesen; irgendwann bald werde ich mit Patrick und seiner Familie ausgehen ... Die Sicherungen, die aufgrund von irgend etwas durchgebrannt sind, das mir zugestoßen ist, während ich in Libyen war ... Das sind Schocks, die sich wieder einstellen, wenn man an ein anderes System angeschlossen wird; das ist ein Prozeß, den jeder Mühe haben wird zu verstehen ... Im Gedanken daran glaube ich, daß ich Dich bitten kann, Patrick und Basil zu schreiben ... mir zu helfen, nach Bangalur zu gehen, wo ich bald mit meiner großen Arbeit beginnen werde ... Und viele herzliche Grüße an Suyin.»

Bangalur war Peter vertraut; dort hatte er seine Jugend verbracht; er wollte nicht in Madras bleiben. Seine Mutter, Caro, schrieb mir:

«Aus Madras erfährst Du vermutlich Tröstliches und Erleichterndes ... Sowohl Basil als auch Patrick berichten mir in allen Einzelheiten über Peters Zustand und darüber, was er alles tut ... Er scheint – dank ihrer Fürsorge – Fortschritte zu machen ...»

Sie meinte, Michael sei vielleicht «zu streng gewesen ... Aber ohne Zweifel hat er gedacht, es sei nur zu Peters Bestem.»

Caro verlebte Weihnachten und Silvester in Madras und wohnte während dieser Zeit bei Theresa in ihrem Haus, das nicht weit vom Foreshore Estate entfernt lag. So konnte sie ihren Sohn Peter häufig sehen. Ihr eigener Gesundheitszustand verschlechterte sich im Jahre 1981, und es war ihren Verwandten in Bangalur unmöglich, sie zu behalten; so kam sie abermals nach Madras, diesmal jedoch, um für immer bei Theresa und ihrem Mann Paul unterzukommen.

Dort wurde sie umsorgt und war niemals allein. Sie nahm an vielen Familienzusammenkünften teil, bis sie zuletzt zu schwach wurde und die meiste Zeit über in ihrem Rattan-Lehnstuhl auf der Veranda saß. Peter kam sie besuchen, doch waren sein lautes Schreien und Auf- und Abtigern manchmal zuviel für sie. Doch allein war sie nie, bis sie 1983 friedlich entschlief. Sie war damals bereits achtzig.

Am 27. Oktober erhielt Vincent wieder einen Brief von Peter: «Ich bin nicht besonders aktiv, weil ich Invalide bin . . . bitte komm nach Madras und Bangalur, denn ich muß sobald wie möglich anfangen zu arbeiten. Suyin kann mitkommen . . . Gerade eben komme ich von einer Busfahrt die Marina hinunter und wieder rauf; Patrick hat mich begleitet, und jetzt feiere ich unseren Sieg mit Remy Martin, der Dir gehört und aus dem Schrank stammt, in dem Du ihn aufbewahrst. Zum Abendessen gingen wir zu Theresa. Huhn und Makkaroni. Mein Magen rebelliert fast gar nicht mehr. Jeden Sonntag Punkt elf Uhr spreche ich mit Patricia in Bombay . . .

Und so kommen wir zum Ende einer Periode meines Lebens, die weder ich noch irgendwer, der mit mir zu tun hatte, jemals vergessen wird . . .»

Ein sehr klarer Brief. Seine erste Autobusfahrt. Die Telephonate mit seiner Schwester in Bombay. Peter scheint sich dieser Dinge bewußt zu sein, denn er fügte noch ein Postscriptum bei, das folgendermaßen lautete:

«P. S. Bitte entschuldige die Schrift, aber dies ist seit drei Jahren der längste Brief, den ich geschrieben habe . . .»

Im November dieses Jahres schrieb er zwei Briefe an mich, in denen er sich für einen von mir bedankt: «Bitte

Daddy doch, so schnell wie möglich nach Indien zu kommen ... Dein kränkelnder Stiefsohn.»

Und nochmals: «Ganz bin ich noch nicht wieder hergestellt, denn ich nehme Medikamente, und die Schrift ist nicht besonders gut. In einer Woche werde ich wohl wieder in Ordnung sein ... bitte Daddy herzukommen ... Bitte, sag Daddy, daß ich auf Michael nicht böse bin ...»

Peter war so viel daran gelegen, daß sein Vater und sein Bruder die Reibungen überwanden, zu denen es seinetwegen im Jahr zuvor gekommen war. Außerdem wollte er zurück nach Bangalur: «Dort habe ich alle meine Freunde ...» Und das, obwohl er sich binnen sechs Monaten gut in Madras eingewöhnt hatte. Irgend etwas hatte er immer vor: Basil und Benny und Theresa wechselten sich ab, sein Interesse wachzuhalten. Partys, Essenseinladungen, Spaziergänge. Anfangs flehte er geradezu verzweifelt, «Daddy» immer bei sich zu haben, nach Bangalur zurückkehren und sich «selbst ein Haus nehmen» zu können. Je mehr Zeit verging, desto weniger energisch wurden diese Forderungen vorgebracht, und, wie Patrick schrieb: «Er begreift, daß er eine Zeitlang in Madras bleiben muß.» Wieder schrieb er mir: «Dein letzter Brief hat mich vor vier Tagen erreicht ... es muß sehr hart sein für Dich ... Im Moment bin ich schlecht gelaunt ... war heute nachmittag beim Arzt.» Eine Weihnachtskarte legte er bei.

Über Weihnachten und Silvester 1980 war Vincent bei mir in der Schweiz, flog aber gleich hinterher wieder nach Indien. Darauf hatte ich bestanden. «Du brauchst aber nicht auf den leisesten Wink von Peter gleich zu ihm zu eilen. Gib doch Patrick und Aggie eine Chance.»

Zum Jahresende bekam ich immer irgendeinen Brief

von Peter: «Bitte, erlaube Daddy, über Neujahr nach Madras und Bangalur zu kommen. . . Ich verspreche, nie wieder darum zu bitten, daß er auf den leisesten Wink von mir hergeschickt wird. Die Bücher für mich sind noch nicht angekommen . . . Ich möchte alle Deine Bücher in einem Regal in meinem Haus stehen haben – und zwar in Bangalur.»

Und noch einmal: «Du bist sehr gut zu mir gewesen . . . bitte, laß mich Dir sehr herzlich danken.» Zunächst schrieb er mit der Hand, doch 1983 fing er an, mit der Maschine zu schreiben. Er schrieb an Freunde, an Schulkameraden, die ihn zu Partys bei sich zu Hause eingeladen hatten und die umgekehrt jetzt, wo Peter in Bangalur lebte, von Vincent eingeladen wurden. Jetzt erzählte er seinem Vater: «Alle Mädchen, die ich kannte, sind verheiratet, Daddy. Was soll ich machen?» Das gleiche äußerte er während der Jahre auch mir gegenüber ein paarmal, wenn wir uns sahen und ich auf dem Weg nach China durch Indien kam, um ihn zu besuchen. «Werde erst mal ganz gesund, dann findest du auch eine Freundin», pflegte ich wohl nicht ganz angemessen zu sagen. Er wußte es, denn er schüttelte den Kopf, ging mit trübsinnigem Gesicht ein paar Schritte von mir fort und fuchtelte mit der rechten Hand in der Luft herum oder hielt sie in die Höhe, wie er es stets tut, wenn er erregt und völlig durcheinander ist.

Auch an die Mutter von Y, die junge Belgierin, mit der er befreundet gewesen war, schrieb er einen Brief, und zwar auf französisch, wobei ihm allerdings ein paar deutsche und englische Worte unterliefen.

«Ici est der jeune homme . . . Maintenant je suis tout seul . . . je voudrais participer dans le wellbeing de Y si possible. C'est tout pour l'instant. Excusez-moi pour le pauvre français parceque je suis proficient en anglais.»

Ein bemerkenswert klarer und verständlicher Brief, in dem er sich erbot, etwas für seine ehemalige Freundin zu tun. Und all das aus eigenem Antrieb, ohne daß ihm jemand etwas gesagt hätte!

Doch den besten Gradmesser für die fortschreitende Besserung in diesen fünf Jahren stellen Patricks Briefe dar. Getreulich und nie erlahmend schrieb Patrick alle zehn Tage bis in alle Einzelheiten über das, was Peter machte – seine Arztbesuche, die Wege zum Psychologen, über die Medikamente, die ihm verschrieben wurden, die Ausflüge, das Essen, die «Unglücksfälle».

«28. Januar 1981: Peter hat sich damit abgefunden, für einige Zeit bei uns bleiben zu müssen.

Aggie und ich werden uns mit aller uns zu Gebote stehenden Liebe um ihn kümmern.»

Es folgt eine lange Liste von Verwandten, die «verpflichtet wurden, sich abwechselnd um Peter zu kümmern, ihm Gesellschaft zu leisten, ihm zuzuhören und mit ihm zu reden ... Musik aus seinem Kassettenrekorder anzuhören. Von der schleppenden und undeutlichen Redeweise von früher ist nichts mehr zu spüren.»

«Peter hat seiner ehemaligen Firma (der ACEC) in Belgien ein paar Briefe geschrieben und wartet begierig auf Antwort.»

Zu Weihnachten: «Peter ging hinaus, um ein paar Weihnachtssänger zu bitten hereinzukommen – sie kamen ins Haus und sangen ...»

Das ganze Jahr 1981 über weiß Patrick zu berichten, daß Peter «an Vollmondtagen und -nächten unruhig wird. Er versuchte, das Haus zu verlassen. Diese nächtlichen Ausbruchsversuche zogen sich über mehrere Monate hin.»

In Madras wurde eine Reihe von Geburtstagen gefeiert. Peter ging zu jedem einzelnen, und Patrick berichtete eingehend darüber und vergaß auch nicht das besondere Essen, «schwach gewürzter Hammel-Stew, damit sein Magen ihn verträgt», das eigens für Peter zubereitet wurde.

«November ... er sah sich einen Film an ... machte eine kurze Fahrradtour. Wunderst Du Dich da genauso wie wir? Selbstverständlich habe ich ihn begleitet, aber die Idee kam von ihm ... Gleichgewicht und Koordinierung sind nicht beeinträchtigt ...

Manchmal ist er niedergedrückt ... denkt an seine Vergangenheit ... Er lacht jetzt häufiger und singt.»

Dann, über einen seiner «nicht so guten Tage»: «Peters Zustand wechselt zwischen Perioden der Schläfrigkeit und der Schlaflosigkeit; wenn er seine schläfrigen Tage hat, wecken wir ihn zu den Mahlzeiten und bemühen uns, ihn für irgendwas zu interessieren ... kann er nicht schlafen, müssen wir ihn davon abhalten, sich durch sein ständiges Umhergehen und Reden völlig zu verausgaben ... bei den ersten beiden Malen war das ziemlich erschreckend ... ich wußte nicht, was tun ... jetzt weiß ich das und lenke ihn ab.»

«Peter hat sich *Goldfinger* angesehen – Benny ist mit ihm hingegangen. Heute hat er viermal in die Hose gemacht, aber keine Angst, der Stuhl war jedesmal von trockener Konsistenz.»

«Es wird Euch freuen zu erfahren, daß Peter jetzt von sich aus Busfahrten macht, manchmal morgens eine und abends noch einmal eine, aber immer in

Begleitung. Simon (auch ein Verwandter) ist jetzt herangezogen worden, Peter Gesellschaft zu leisten.»

«Wenn Probleme auftauchen, werde ich mit ihnen fertig; bitte, Vincent, mache Dir keine Sorgen ...»

Offenbar sind Michael und Anne (letztere ist von ihrem Verwandtenbesuch in Amerika zurück) nach Madras gefahren, um Peter zu besuchen.

«Das hat seinem Wunsch, nach Bangalur zurückzukehren, neue Nahrung gegeben, aber Basil und ich haben ihm klargemacht, daß das nur ginge, wenn Du wieder hier wärest ... wir haben das mit soviel Nachdruck vertreten, daß er hinterher zu Michael sagte: ‹Tut mir leid, Michael, aber ohne Daddys Erlaubnis kann ich nicht nach Bangalur kommen.›»

«Vor ein paar Tagen hat Peter ein paar Runden Tischtennis gespielt, das dann aber wieder aufgegeben. Mit dem Tisch hat zuviel nicht gestimmt.»

«Wir haben Schach gespielt, und zwar die Züge, die er mir beigebracht hatte. Aber zu Ende konnten wir die Partie nicht bringen.»

«Wir reißen ein paar Witze, bringen ihn zum Lachen; er sagte, so gelacht habe er seit seiner Rückkehr aus Europa nicht ...»

«Er sprach von seinem Vorhaben, in die Politik zu gehen.»

1981 verbrachte Vincent mehrere Monate in Indien. In dieser Zeit kamen keine Briefe von Patrick; die kommen nur dann mit der Regelmäßigkeit eines Gongschlags, wenn Vincent bei mir ist.

«14. 5. 81. Peter erregte sich plötzlich furchtbar und beschwor uns, dies ‹schreckliche Land› zu verlassen.» (Offenbar hatte Peter Zeitung gelesen und war verstört von den Berichten über Not und Elend.)

Um diese Zeit berichtete Patrick auch von etwas, das sich in der Klinik des Arztes zutrug. «Peter fing freiwillig an, von seiner Abneigung gegen X... und Y... (zwei angeheiratete Verwandte) zu sprechen, die, wie er sagte, versucht hätten, ihn zu mißbrauchen, redete dann aber sofort von etwas, was ihm mit zwölf Jahren passiert ist. Wir sagten, X und Y könnten ihm gar nichts getan haben (er hat sie zu diesem Zeitpunkt gar nicht gekannt, denn da haben sie in einer anderen Stadt gelebt), woraufhin er erklärte, sie hätten ausgesehen wie die Männer, die es bei ihm versucht hätten.»

Im August 1981 verbrachte Peter jeden Dienstag bei seiner Mutter, nahm Gitarrenunterricht, lernte Tamil und Yoga. Doch das dauerte nicht lange. Tatsächlich hat sich Peters Unfähigkeit (oder Weigerung), irgendeine Tätigkeit oder Beschäftigung über einen längeren Zeitraum fortzusetzen, bis heute erhalten. Mangel an Konzentration? Oder das Gefühl, es sei doch alles sinnlos? «Er lehnt jeden Vorschlag zu arbeiten oder irgend etwas zu tun ab: ‹Ich mache das morgen›», schrieb Patrick.

Trotz der zunehmenden Behinderung (und eines Malariaanfalls) von Thomas, trotz der Hitze, kommender und plötzlich kündigender Dienstboten, Stromausfall oder Krankheit berichtet Patrick nunmehr seit Jahren getreulich und sehr detailliert über Peter:

«September 1981: Wie Du vorgeschlagen hast, lassen wir Peter jetzt allein rausgehen. Er geht allein spazieren ... keine Leibwächter mehr... Neulich abend wollte er seinem alten Freund Mumtaj zur Hochzeit ein Telegramm schicken und ging allein zum Telegraphenamt. Ich folgte ihm, ohne daß er es gemerkt hätte. Er schickte den Glückwunsch ab und kam zurück; das ist ein großer Fortschritt...»

*

1984 bekam Peter mehr Taschengeld von seinem Vater. Er unternahm jetzt – dies allerdings immer in Begleitung von irgendwem – Busfahrten, doch gegen Ende des Jahres fing er an, auch das allein zu tun. Zusammen mit Patrick und Aggie machte er auch längere Reisen – Pilgerfahrten, Fahrten zu irgendwelchen Festen, zu denen Patrick und Aggie immer auch Thomas mitnahmen, obwohl sie ihn jetzt tragen mußten. Thomas bekam immer ein paar Kissen in den Rücken gestopft, besonders dann, wenn er Cricketspiele im Fernsehen verfolgte. Cricket war Thomas' große Leidenschaft; er las Bücher über berühmte Cricket-Spieler, über ihre Siege, und er verfolgte jedes Spiel.

Vincent fuhr mit Peter mehrere Male nach Bombay, um Patricia zu besuchen, die als Ärztin (auf dem Gebiet der Empfängnisverhütung) für *Tata Industries* arbeitete. Und einmal nahm er Peter auch mit, als er nach Bombay kam, um sich mit mir zu treffen. Ich landete mal wieder in Bombay, um wie gewöhnlich ein paar Tage in Indien mit ihm zu verbringen (und selbstverständlich, um, sofern möglich, einige aus der Familie zu besuchen), ehe ich dann allein nach China weiterflog. Diese Begegnung in Bombay war eine kleine Katastrophe. Peter reagiert aufgeregter und lautstärker auf mich als auf jedes andere Mitglied der Familie. Ich war bei der Ankunft völlig gerädert, denn die Maschine landete mit zehn Stunden Verspätung. Ich war wieder mit den Vorarbeiten für irgendein Buch beschäftigt . . . Vincent war bei Peter gewesen, ich hatte ihn also zwei Monate lang nicht gesehen. Kurz gesagt, ich war außerordentlich schlecht beisammen. Als ich mit meinem Gepäck aus der Flughafenhalle wankte, in der ich wie gewöhnlich keinen Gepäckkarren bekommen hatte, begrüßte

Vincent mich und strahlte dabei übers ganze Gesicht – woraufhin ich es schon ahnte: «O Gott, er hat Peter nach Bombay mitgebracht.» Das Lächeln verriet ihn – er strahlte allzu sehr.

Das Lächeln immer noch im Gesicht, wartete Vincent, bis wir in einem Taxi saßen, das uns vom Flughafen ins Hotel bringen sollte. Da erst rückte er damit heraus: «Ich hab' eine Überraschung für dich! Peter ist hier. Er wollte dich unbedingt sehen.»

Ich fing an zu schreien, benahm mich fast genauso schlimm und kindisch wie Peter. «Neunzehn Stunden habe ich jetzt im Flugzeug gesessen, du hast mich acht Wochen nicht gesehen – und da bringst du deinen Sohn mit, uns Gesellschaft zu leisten! Phantastisch! Nicht zu überbieten! Weißt du eigentlich, daß ich morgen schon nach China weiterfliege?» Ich habe noch viel mehr gesagt. Ich erklärte ihm, wie hart ich arbeitete, wieviel ich von ihm aufgegeben hatte, was es kostete, unser beider ständiges Kommen und Gehen zu ermöglichen und alles aufrechtzuerhalten. Und jetzt brauchte ich unbedingt Schlaf, ein paar Stunden wenigstens.

Den ich natürlich nicht bekam. Denn kaum, daß Peter mich sah, fing er tatsächlich an zu schreien und mit den Armen in der Luft herumzufuchteln, und als er schließlich von Basil und Vincent auf sein Zimmer zurückgebracht wurde, war es Morgen geworden, und es dauerte auch keine Stunde, da war er wieder da und hämmerte an meine Tür.

«Aber es geht ihm soviel besser», sagte Vincent jetzt ziemlich kleinlaut. «Ich wollte dir zeigen, wie er sich gemacht hat ... für gewöhnlich führt er sich nicht so auf.»

«Bei mir aber immer», erklärte ich heiser. Ich wollte

sagen: Peter ist sexuell frustriert. Er ist achtunddreißig und hat jetzt vier Jahre wie ein Mönch gelebt. Und deshalb ist er auf mich fixiert. Nicht ausschließlich sexuell (nein, das nicht, denn er macht auch anderen Frauen Avancen), aber er reagiert auf mich besonders gefühlsbetont, weil er sich an unsere Spaziergänge in Paris erinnert, an unsere Gespräche. Ich bin jemand, mit dem er gern zusammensein möchte.

Aber ich war viel zu müde, um all dies zu sagen. Ich schloß die Augen und floß über vor Selbstmitleid. «Hast du jemals daran gedacht», sagte ich, «daß auch ich gelegentlich etwas Zuneigung brauche? Daß ich manchmal verwöhnt werden möchte? Ein bißchen Ferien brauche von Peter, Peter und nochmals Peter?» Ich wußte schließlich, daß Vincent auch dann, wenn wir in Lausanne zusammen waren, ständig an Peter dachte ...

Selbstverständlich, nachdem ich geduscht und etwas geschlafen hatte, stieg ich in mein Flugzeug und fing an zu lachen. Ich hätte nicht aus der Haut fahren dürfen. Vincent hatte mir nur vorführen wollen, um wieviel besser es Peter ging. Peters Reaktion auf mich hatte er nicht voraussehen können. Denn schließlich hatte Peter sich gut benommen, sagte Vincent, und ihm sei soviel daran gelegen gewesen, mich zu sehen ...

«Ich bin ja unverwüstlich. Ich werde das überleben.»

Die Briefe, die Peter im Laufe der letzten fünf Jahre an seinen Vater schrieb, wurden immer besser, sowohl die maschinengeschriebenen als auch die handschriftlichen. Trotzdem kam es selbst 1985 noch immer zu merklichen Entgleisungen. In dem folgenden Brief ist Peter völlig durcheinander – die Folge davon ist, daß er sich liest, als wäre er vor zwei Jahren geschrieben:

«Lieber Daddy, Sandya (die Tochter eines Freundes) hat Leukämie . . . und als ich ihren Vater vorigen Monat traf, machte er einen ganz unbeschwerten Eindruck.

Daddy, ich weiß, Du hast dich vor ein paar Monaten einer Herzoperation unterziehen müssen . . .»

Vincent hatte in der Tat im Februar 1985 im New Yorker Mount Sinai Hospital eine Angioplastie vornehmen lassen. Ich glaube nicht, daß der Zustand seines Herzens ausschließlich auf den Streß zurückzuführen ist, den er Peters wegen ausgesetzt war; einer von Vincents Brüdern ist bereits mit fünfundfünfzig Jahren an einem Herzinfarkt gestorben, und Vincents Arzt beobachtet den Zustand seines Herzens seit nunmehr fünfzehn Jahren. Das Ergebnis der Angioplastie war zufriedenstellend, doch müssen wir jetzt alles neu überlegen. Wer sollte sich um Peter kümmern, wenn Vincent dazu nicht mehr in der Lage war? Patrick selbstverständlich. Patrick und Aggie. «Wir werden immer alles in unseren Kräften Stehende tun», sagte Patrick zu mir. Trotzdem mußten Entscheidungen getroffen werden. Vielleicht würde ich am Ende die Entscheidungen für Peter fällen müssen . . .

Im Januar 1985 hatten wir zwei mit der Schreibmaschine geschriebene Briefe erhalten, die erstaunlich sauber getippt waren und keinerlei Rechtschreibfehler aufwiesen. Die Briefe waren an uns beide – an Vincent und mich – gerichtet:

«Dies wird ein sehr ernsthafter Brief werden, auf den ich gern viele Antworten bekäme. Ich möchte anfragen, ob Ihr alles für Dorai getan habt? (Dorai gehörte auch zur Familie und litt unter Depressionen.) Weißt Du, Daddy, wir sind ja eine sehr enge und inzestuöse Familie, und ich bin mir sehr sicher, daß Ihr alle in die

Hölle kommen werdet, womit ich sagen möchte, daß Ihr alle sehr, sehr schlecht seid. Ich weiß, daß Ihr alle am Ort der Finsternis landen werdet – bis auf Rina, Basil und mich. Du kannst von Glück sagen, daß Du fern bist von all diesen mörderischen Familienfehden und so leben kannst, daß der liebe Gott alles sehen darf, denn ich kann Dir sagen, daß Suyin sehr, sehr gut zu Dir ist.

Weißt Du, Daddy, wenn es um Geld geht, ist Suyin sträflich sorglos ... Weißt Du, Daddy, Patrick weigert sich, irgendwelche Zahlungen von mir anzunehmen. Das macht mir große Sorgen, und ich möchte wissen, wieviel Du Patrick bezahlst und woher dieses Geld kommt.»

Sorgen über das Geld und die Unterhaltskosten für ihn hatten 1984 eingesetzt; wenn er bei Gelegenheit auch noch äußerst großzügig sein konnte, zählte er jetzt doch sorgfältig die Rupien in seiner Tasche. Jedenfalls ging er nicht mehr wie zu Anfang herum und verschenkte seine Rupien mit vollen Händen an die Bettler.

Im Laufe des Jahres 1985 wurden Peters Briefe häufiger, doch finde ich, daß dafür die Schrift schlechter wurde und wieder so aussah wie um 1980. Hatte das etwas mit seiner Muskelbeherrschung zu tun? Mit der Hand zu schreiben und auf der Maschine zu tippen sind zwei grundverschiedene Fertigkeiten. Ließ Peter in der Feinmotorik seiner Hand einen Rückschritt erkennen? Seine Rechte vollführte immer noch krampfhafte Bewegungen, und jetzt hielt er drei Finger dergestalt überdehnt, daß sie sich durchbogen.

Oktober 1984. Es gibt intime Briefe an seinen Vater, in denen er sehr deutlich die ambivalente Haltung des Kindes den Eltern gegenüber zum Ausdruck bringt. «Ich wünsche Dir nur das Beste, und Suyin natürlich auch, die vermutlich nicht alle Deine Briefe liest, obwohl ich sie immer noch heiraten möchte. Du bist ein verkappter Hermaphrodit.»

Vincent lacht und freut sich maßlos über den immer größer werdenden Wortschatz seines Sohnes.

29. Januar 1985: «Daddy, erst mal muß ich Dich fragen, warum ich geboren wurde. Ich meine, abgesehen von dem Quatsch mit dem heiligen Geist . . . Darf ich Dich fragen, woran Du denkst? Ich meine, wenn Du denkst und nicht halluzinierst, was Du meiner Meinung nach die meiste Zeit über tust?

Zunächst einmal muß ich Dich bitten, die Augen zuzumachen, Daddy, denn ich werde um Suyins Hand anhalten. Daddy, erst muß ich Dich bitten, daß Du in die Scheidung einwilligst, denn wir werden heiraten. Oder selbst wenn wir nicht heiraten, werden wir doch zumindest in Sünde leben. (Daß Peter *Sin* im Englischen mit einem großen *S* schrieb, zeugt von einem skurrilen Humor.)

Und an mich: «Suyin, ich bin überzeugt, Du kannst mir eine sehr gute Frau sein, und es bereitet mir größte Sorgen, daß Daddy sich vielleicht nicht scheiden lassen will. Du weißt, ich scherze nicht.»

«Ich glaube zuversichtlich, daß nichts von meinem Erlebnis im Iran jemals wiederkommen wird, denn es ist alles immer noch so leer und unbeschrieben wie in dem Augenblick, da ich, wie ich mich erinnere, im Krankenhaus war . . . in der Schweiz.»

Peters Heiratsanträge beschränken sich nicht auf mich. Die macht er vielen Frauen, denen er begegnet. Uns beunruhigt das nicht weiter, weil wir wissen, daß dies zu seinem natürlichen Zustand gehört – dem Freisein von übersteigerter rationaler Kontrolle, der zum

Schweigen gebrachten Handlungsweise des «normalen» Erwachsenen. Wir alle wissen, daß Peter die Wahrheit sagt; er kennt keine Hemmungen und sagt uns laut unangenehme Dinge ins Gesicht, die wir gern vergessen möchten . . .

Anfang 1985 machte er mehreren Frauen und Mädchen, die er kennenlernte, Anträge. Eine Zeitlang sang er vor den Fenstern eines Nachbarn im Foreshore Estate, brachte also dessen hübscher Tochter, die es ihm angetan hatte, Ständchen. Das führte zu ernsthaften Schwierigkeiten; in Indien sind zornige Väter tödlich beleidigt und gehen tatkräftig gegen jeden vor, der ihre weiblichen Familienangehörigen auch nur länger ansieht, wobei es gleichgültig ist, ob es sich um ihre Frauen oder ihre Töchter handelt. Selbst Patrick beschloß, als eine seiner Töchter zweimal mit demselben Jungen ausging, die Familie des jungen Mannes aufzusuchen und sie zu fragen: «Welche Absichten verfolgt Ihr Sohn?»

Aber Peter war «nicht ganz gesund», das wußten alle Leute in der Stadt Madras; jeder Fahrradtaxifahrer und Straßenhändler, alle Nachbarn sowie die Bus- und Taxifahrer kannten Peter. Er war daher geheiligt und stand unter höherem Schutz; der lebhafte Anteil, den er an ihrem Leben nahm, die Erwiderung seiner idealistischen Liebe zu den Armen und Ausgebeuteten machten ihn zu einem ihrer Lieblinge. Niemand nahm sich ihm gegenüber etwas heraus oder übervorteilte ihn, und viele nannten ihn Bruder; manche hielten ihn sogar für einen Naxaliten, einen Bauernrevolutionär.

Eine besonders nette und hübsche, in der Schweiz ansässige und bei der Air India angestellte Engländerin kam auf einer Urlaubsreise nach Madras und besuchte Peter, der sich in sie verliebte und uns schrieb: «Ich liebe sie sehr.»

Das Thema «Peters Sexualität» taucht von Zeit zu Zeit immer wieder in unseren Diskussionen auf, zumal Peter immer beweglicher wird. Einmal «entwischte» er und war ein paar Stunden allein unterwegs. Später kehrte er von selbst heim, und noch später erzählte er mir:

«Weißt du, ich bin in die Straße der Prostituierten gegangen . . . ich habe sie gesehen . . .»

«Woher wußtest du denn, wo sie sind, Peter?»

«Das hat mir irgend jemand gesagt . . .»

Er wandte mir sein bekümmertes Gesicht zu. «Eine habe ich kennengelernt . . . sie war so jung, so süß, sie hätte meine Schwester sein können . . . ich sagte zu ihr: ‹Du bist meine Schwester.› Ich habe ihr Geld gegeben . . . habe aber nicht mit ihr . . .»

«Ich weiß, daß du es nicht getan hast.»

Einer aus der Verwandtschaft machte den Vorschlag, die Familie solle irgendwo in einem Dorf ein Mädchen kaufen, damit Peter eine Bettgefährtin hatte. Natürlich müsse es eine Unberührbare sein. Diese Parias oder Unberührbaren Südindiens werden durch die Mechanisierung der Landwirtschaft von dem letzten Land vertrieben, das sie vielleicht noch beackert haben. Nach den letzten Erhebungen, die auf den Statistiken der Zeitung *The Hindu* beruhen, hat sich ihre Zahl seit 1970 verdreifacht und ist von zwanzig auf sechzig Prozent der Landarbeiter insgesamt gestiegen. Infolgedessen zieht es sie in die Städte; sie errichten um diese herum einen schrecklich übelriechenden Slumgürtel nach dem anderen und betteln und sterben. Ein kerngesundes

Mädchen, das sich auch noch glücklich schätzen würde, eine solche Chance zu bekommen, ließ sich immer finden . . .

Zuerst war ich entsetzt; später jedoch begriff ich, daß meine Reaktion vielleicht von allzugroßer Ahnungslosigkeit geprägt war. Für indische Begriffe und für Indien, wo die erniedrigendsten Dinge geschehen, weil die Kluft zwischen Arm und Reich allzugroß ist, war meine Reaktion verblasen und unrealistisch. Vincent war jedoch gleichfalls dagegen: «Diese Leute sind ja nicht auf den Kopf gefallen; sie werden kommen, Peter zusammenschlagen und das Mädchen zurückholen», sagte er, was wiederum eine unsentimentale Art war, den Tatsachen ins Auge zu sehen und die tiefsitzende Unruhe zur Kenntnis zu nehmen, die in Indien mit seinen Millionen Verdammten gärt.

Heute meinen – und hoffen – wir, daß es irgendwo eine Frau gibt, vielleicht eine kinderlose Witwe, die einverstanden wäre, Peter zum Mann zu nehmen. Schließlich geht es Peter nicht schlecht. Was er sich in Libyen und im Iran erspart hat und das, was er von seinem Vater bekommt, reicht aus, ihm in Indien bis zu seinem Tod ein sorgenfreies Leben zu sichern.

Peter weiß das und ist sich darüber womöglich noch mehr im klaren, seit Vincent ihm ein eigenes Scheckheft gegeben hat; denn heute kann er in die Bank gehen und Geld von seinem eigenen Konto abheben. «Ich mußte anfangen, ihm die Verfügung über sein eigenes Geld anzuvertrauen», sagt Vincent. Und seit er weiß, daß es sein eigenes ist, geht Peter auch viel sorgfältiger mit dem Geld um. «Natürlich kommt es vor, daß er in der Bank die Angestellten anschreit und sich wer weiß wie aufführt und alle Wartenden ausfragt … aber jeder weiß Bescheid, alle lächeln … und keiner ist beleidigt.»

1985 fing Peter an, über seine Einnahmen und Ausgaben Buch zu führen. Er rechnet sehr genau. Den Rechenschieber in der Hand, ist er wieder der Ingenieur.

Er kauft Geschenke für alle in der Familie, geht auf den Markt und kauft frisches Gemüse ein, um Aggie und Patrick zu helfen. Auch kommt er, Freunden und Verwandten an den Geburtstagen zu gratulieren. Er kennt alle Straßen und Buslinien und findet sich überall in Madras und Bangalur allein zurecht. Jetzt möchte er auch allein mit der Bahn reisen; es wurmt ihn, daß ihn ständig jemand begleiten soll, wenn er mit der Bahn oder mit dem Flugzeug unterwegs ist.

10. KAPITEL

Ich habe das Gefühl, als hätte ich versucht, mir einen Dorn aus der großen Zehe zu ziehen, den ich mir vor langer Zeit hineingetreten habe und der sich längst entzündet hat. In Malaysia ist mir das einmal passiert – dort bin ich auf eine im Gras verborgene stachlige Pflanze getreten. Ein winziger Dolch grub sich mir in den nackten Fuß, war dort als grauer Punkt zu erkennen und wanderte immer tiefer; ganze Hautschichten wuchsen darüber.

Mit einer Nadel bohrte ich behutsam in die Tiefe, versuchte, den Fremdkörper herauszupolken, weitete ein Loch um den Dorn herum aus, der sich freilich nicht herausholen lassen wollte. Schließlich zupfte ich mit Hilfe einer Pinzette Haut und Fleisch drum herum ab, und zwar so lange, bis ich den Dorn zu fassen bekam und herausholen konnte. Doch leider kam nur die Hälfte heraus; der Rest blieb stecken. Heute sind Jahrzehnte vergangen, und ich kann ihn immer noch sehen, ein hellgrauer Fleck in meiner großen Zehe.

Auf ähnliche Weise ist auch das Schreiben über Peter eine Art Teufelsaustreibung gewesen; der Versuch, die ständige Verunreinigung zu beseitigen, die Irritation loszuwerden und die Angst vor dem, was noch kommt. Denn Peter wird uns beide – Vincent und mich – bis an unser Lebensende begleiten. Wir müssen für ihn Vorsorge treffen für die Zeit, wenn wir beide einmal nicht mehr sind.

So erinnert Peter mich unablässig an all jene Menschen, die für behinderte Kinder, für auf immer Geschädigte und Mongoloide von vierzig oder fünfzig Jahren sorgen müssen . . . für Spastiker, die ich mit vertrauensvollen, strahlenden Gesichtern fröhlich mit ihren Müttern durch die Straßen ziehen sehe.

Ich denke an Fälle, die noch weit schlimmer dran sind, als wir es jemals waren: An Kinder, die im Koma liegen, an die Eltern, die – wie Vincent – Stunden, Tage, ja Wochen damit zugebracht haben, sie anzurufen, sie aus einem totenähnlichen Zustand zurückzurufen ins Leben . . .

Die Mühen von so vielen Familienangehörigen, die sich in der Fürsorge um Peter abgelöst haben, sind etwas, das es wert ist, aufgeschrieben zu werden; jeder Akt der Hingabe sollte irgendwelche Spuren hinterlassen und uns alle ermuntern, nie zu vergessen, daß wir nichts als sterbliche Menschen sind.

Eine Woche, bevor wir zum Weihnachtsfest 1985 nach Indien abfliegen, klingelt das Telephon. Patrick ist am Apparat. Sein Sohn Thomas ist an diesem Tag gestorben.

Ende November fegte ein Tornado über Madras hinweg, zerstörte viele von den Hüttensiedlungen und überflutete das tiefliegende Land. Das Wasser stieg fast bis zum Zementboden der Wohnung im Foreshore Estate, stieg die vier Betonstufen hinauf, die die Häuser über dem Boden liegen. In diesen Tagen hat Thomas sich erkältet, schaffte es nicht, den Schleim herauszuhusten, der sich in seinen Lungen sammelte, denn seine Brustmuskeln waren so gut wie verschwunden. Aggie führte geduldig einen Löffel Essen nach dem anderen an seinen Mund; am 18. Dezember bekam er Erstickungsanfälle und war bald darauf tot.

Als wir in Madras landeten, waren Patrick und Aggie still wie gewöhnlich und ließen sich ihren Kummer kaum anmerken. Aber Aggie konnte nicht schlafen und fing oft an zu weinen; lautlos rannen ihr Tränen über die Wangen, die sie sich mechanisch mit einem Zipfel ihres Saris abwischte. Zum Schluß war Thomas nur noch imstande gewesen, die Seiten eines kleinen Buches (über Cricket) umzublättern; da wußte sein Vater, daß er höchstens noch ein Jahr zu leben haben würde, mehr nicht.

Ich saß neben Patrick auf den Stufen der Veranda. Der Tornado war längst abgezogen, und es war ein strahlender, sonniger, indischer Wintertag, warm wie der Frühling in Europa. Alle genossen das kühle Wetter, und von den Spaziergängern, die morgens und abends den breiten, weißgoldenen Strand entlangschlenderten, drangen Stimmen und Gelächter durch die Luft herüber. Unten am Wasser lagen Trümmer – nicht vom Tornado verursacht, sondern von der «Operation Verschönerung», zu der die Stadtverwaltung von Madras aufgerufen hatte, um die Strände von den Fischern zu befreien. Zertrümmerte Balken von den Katamaranen lagen umher, und ganze Trauben von Männern versuchten, sie wieder zusammenzusetzen, wieder seegängige Fahrzeuge aus ihnen zu machen. Frauen und Kinder hockten im Sand und flickten die von der Polizei zerrissenen Netze. Denn bewaffnete Polizei war ausgeschickt worden, um sechshundert Katamarane wegzuschaffen, und ein ganzes Heer von Arbeitern der Stadtverwaltung hatte sie zuerst kaputtgeschlagen und dann die Reste auf Müllwagen geladen.

All das war geschehen, um «die Schönheit der Küste zu erhalten». Die Fischer sollten sich sechs Kilometer weiter zurückziehen, an Stellen, wo es weder Fische noch Garnelen gab ... Stattgefunden hatte das ganze Unternehmen mitten in der Garnelensaison, in der für gewöhnlich doppelt soviel verdient wird wie sonst. Siebenhundertachtzig Familien waren damit ihres Lebensunterhalts beraubt. Selbstverständlich war mit Gewalt reagiert worden, und die Polizei hatte Tränengas und *lathi** und am Schluß auch noch scharfe Munition eingesetzt; die Fischer hatten sechs Tote zu beklagen; außerdem war es zu einem Rausch an Plünderungen und Gewalttätigkeiten gekommen, als die Polizei in die Fischerdörfer zwei Kilometer weiter unten am Strand eingedrungen war.

Was niemand erwartet hatte, geschah; plötzlich fand die gesamte Stadt, dies sei eine Ungeheuerlichkeit gewesen; zwanzigtausend Menschen gingen auf die Straße, um zu demonstrieren; selbst die Angehörigen der mittleren Einkommensklassen setzten sich für die Fischer ein. Es war das erste Mal, daß sich die Menschen unabhängig von Kaste oder Religion – Fischer werden den niederen Kasten zugerechnet – der nackten Polizeibrutalität gegenüber solidarisch zeigten. Der Oberste Gerichtshof beschied, die Katamarane müßten den Fischern zurückgegeben werden. Viele ließen sich aber nicht mehr zusammenbauen. Die Boote bestehen aus dem Holz des Albasiabaumes, der weiter im Landesinneren wächst; Albasiaholz muß aber eine gewisse Zeit lagern, um auszutrocknen; erst dann kann es verarbeitet und zu neuen Katamaranen zusammengefügt werden.

Um uns herum Frieden und Schönheit, Gewalttätigkeit und Tod, saßen wir in der wohltuenden Sonne und

---

* lathi – eisenbeschlagene Schlagstöcke der indischen Polizei

sahen den zierlich schlanken, von der Sonne schwarz gebrannten Fischern zu, die ihre Netze und Boote wieder zusammenflickten. Trotz der Entscheidung des Obersten Gerichtshofes, jede Familie müsse mit fünfzehntausend Rupien (rund 3500 Mark) entschädigt werden, würden viele der Fischer auf Jahre hinaus verschuldet sein; außerdem dauerte es gewiß noch lange, ehe sie das Geld auch tatsächlich ausbezahlt bekamen.

Der schwarze Mischlingshund, mit dem Peter sich angefreundet hatte, bog um die Ecke; wenige Schritte hinter ihm kam Peter und redete mit ihm: «Hierher, Hund, hierher, Hund!» Der Hund wedelte mit dem Schwanz, kümmerte sich jedoch nicht um Peters Rufe, sondern trabte davon. Peter kaufte jeden Tag ein paar Tschapatties (Brotfladen) von einem der umherziehenden Händler und fütterte den Hund damit. Jetzt wandte Peter sich uns zu. «Dieser Hund ist sehr schlau. Als Thomas starb, folgte er uns den ganzen Weg über, und als alle den Friedhof verließen, ging er nicht fort; er hockte sich hin und ließ Thomas' Grab nicht aus den Augen ...» Peter rannte davon, rief immer noch hinter dem Hund her, doch nach ein paar Schritten vergaß er ihn und ging zur Bushaltestelle, um seine übliche lange Busfahrt zu machen, die bis zur Endstation führte und wieder zurück. Offenbar gab es für ihn nichts Schöneres, als mit dem Bus unterwegs zu sein; manchmal fuhr er zwei-, dreimal am Tag mit dem Autobus.

«Sag mir, Patrick, wie habt ihr es nur die ganzen fünf Jahre über geschafft, soviel Geduld aufzubringen und so gut zu Peter zu sein? Du bist nie aus der Haut gefahren, hast ihn nie angeschrien ... wie hast du das gemacht?»

Blinzelnd sah Patrick mich hinter seinen dicken Brillengläsern hervor an. «Ich weiß nicht ... wir hatten einfach das Gefühl, daß man mit ihm reden mußte ... von mir ließ er sich immer beruhigen, wenn er tobte und herumschrie. Ich brauchte nur mit ihm zu reden ...»

«Schon recht, aber fünf lange Jahre ... ununterbrochen, und dann noch mit Thomas belastet. – Weißt du noch, als Theresas Sohn ein Hindu-Mädchen heiratete und wir alle zu diesem Hindu-Tempel in den Bergen zogen ... ?»

Erinnerungen! Das war vorigen Sommer gewesen. Die Familie hatte zwei Busse gemietet; ein paar Verwandte waren mit dem Zug gekommen, die wohlhabenderen Verwandten der Braut mit dem Auto. Ich hatte zusammen mit etwa vierzig anderen Familienmitgliedern im Bus gesessen und sollte diese Fahrt nie vergessen, weil ich an einer entsetzlichen Nesselsucht litt und über und über mit Quaddeln bedeckt war. Jemand hatte mir einen Blütenkranz um den Hals gelegt, und unter den Blüten (Gladiolen, Jasmin und Rosen) war auch giftiger Efeu gewesen. Es dauerte keine zwei Stunden, und es juckte, binnen Tagesfrist war ich mit großen roten Quaddeln bedeckt, die größer wurden und zusammenwuchsen und anfingen zu nässen. Ich bekam Kalzium- und Kortisonspritzen, wollte jedoch die Trauung um keinen Preis versäumen, auch wenn sie bedeutete, daß ich eine Busfahrt über zweihundertundfünfzig Kilometer hinter mich bringen mußte.

Von seinem Vater und seiner Mutter getragen, war auch Thomas mitgekommen; wir waren zum Bergtempel hinaufgestiegen und hatten die Nacht in den Bungalows verbracht, die die Familie gemietet hatte. Thomas war nicht das geringste entgangen – weder die Musik, noch die Prozession der Hochzeitsgäste und das große

Feuer, das vor dem frischgetrauten Paar brannte, oder der Brahmanen-Priester mit dem weißen Lendentuch um die Hüfte und der nackten, von heiligen Schnüren gekreuzten Brust, der die Zeremonie geleitet und sich zwischendurch immer selbst unterbrochen hatte, bloß um Aufnahmen zu machen. «Madame, es gibt nur wenige, die an einer echten Hindu-Trauung teilnehmen dürfen.» Ein äußerst zuvorkommender Mann.

«Hat die Hochzeit dir gefallen, Thomas?» hatte ich gefragt.

«O ja, Tante, o ja, es war schön.» Glücklich hatten Thomas riesige braune Augen geleuchtet, die um so größer wirkten, als von den Muskeln in seinem Gesicht nicht mehr viel übriggeblieben war. »Jawohl», sagte Patrick. «Thomas hat alles miterlebt, wir haben ihn nie allein zu Hause gelassen.»

Der kleine Hügel von Thomas' Grab liegt in der neuesten Reihe, die für die Familie bestimmt ist. Der katholische Friedhof auf Quibble Island ist nur etwa zehn Minuten vom Foreshore Estate entfernt. Ich ging hin, um Thomas zu besuchen, und wanderte dann von Grab zu Grab und ließ natürlich vor allem das von Appa nicht aus. Hier liegt auch Caro, Vincents erste Frau. Schließlich handelte es sich um eine katholische Familie, und sie war Vincents Frau gewesen. Ich überlegte, ob Vincent, wenn es soweit war, an ihrer Seite bestattet werden würde. Ob es wohl auch einen Platz für mich gab? Vielleicht nicht, denn ich hatte den Wunsch geäußert, verbrannt zu werden, und für Leute, die sich für eine Feuerbestattung entschieden, gab es auf Quibble Island keinen Platz.

«Patrick, was war für dich im Umgang mit Peter am schwierigsten?» Patrick denkt nach, denkt zurück.

«Daß er in die Hose machte, glaube ich ... aber als er dann anfing, seine Darmtätigkeit zu kontrollieren und da es heute so ist, daß es oft einen ganzen Monat lang zu keinem Unglücksfall kommt...» Das ist Patricks Triumph, sein Erfolg. Daß Peter nicht mehr in die Hose macht. «Als Thomas starb, war Peter völlig durcheinander, er ist zu Theresa gerannt, zu Cissie, wollte den Arzt anrufen und weinte...» Patrick läßt den Blick auf den anderen Kindern aus Familien der mittleren Einkommensklasse ruhen, die auf dem freien Gelände zwischen den verschiedenen Häusern des Foreshore Estate Cricket spielen. Auf dies Gelände verirren sich manchmal auch Ziegen, die auf die Knie niedergehen, um den spärlichen Rest Gras abzurupfen, Hundemischlinge und ab und zu auch eine Kuh aus dem völlig verwahrlosten Hindu-Slum in der Nähe.

Ich stelle eine letzte Frage: «Sag mir, woher nimmst du diese Geduld, diese Kraft?» Wieder blinzelt er, und dann sagt er ein wenig verwundert: «Ich weiß nicht, aber ich denke, es war der Glaube, ja, meine Religion.» Der Katholizismus! Patrick ist gläubiger Katholik und hat an seinem Glauben nie gezweifelt.

Die beiden Töchter werden untersucht, um herauszufinden, ob auch sie Gene haben, die bei etwaigem männlichen Nachwuchs den gleichen angeborenen Defekt hervorrufen können, wie er bei Thomas vorhanden war. Falls ja, werden sie Selbstzucht üben müssen, denn der Papst kommt nach Indien und will von keinen Mitteln der Empfängnisverhütung hören, es sei denn von denen der Knaus-Ogino-Methode und der Enthaltsamkeit. «Du bist ein Heiliger, Patrick», sage ich. Er lacht, doch dann wird er munter. «Es ist an der Zeit, daß Peter seine Medikamente nimmt, entschuldige mich also.» Er machte sich auf die Suche nach Peter...

Ein paar Tage später ist Peter traurig, denn sein Mischlingshund ist – aus hygienischen Gründen – von einem Hundefänger aufgegriffen und wie andere herrenlose Hunde beseitigt worden. «Warum, warum haben sie diesen Hund töten müssen?» schreit Peter. «Er hat mich gemocht, er hat Thomas gemocht ... dieser Hund war besser als viele Menschen.» Peter ist wieder durcheinander und nicht wenig erregt, woraufhin Patrick ihn besänftigt.

Wir fliegen nach Bangalur. Michael und seine drei mittlerweile herangewachsenen, großen Söhne holen uns vom Flughafen ab. Die Familie hat die kleinen Risse in ihrem Gewebe geflickt. Da die verschiedenen Teile wieder zusammenkommen, ist alles wieder gut, und Peter strahlt und ruft laut: «Michael, Michael, wie geht es dir, Michael?» Er liebt seinen Bruder, was ihn jedoch nicht davon abhält, plötzlich etwas äußerst Verletzendes zu Michael zu sagen, genauso, wie er das uns gegenüber manchmal tut. Doch das müssen wir von Zeit zu Zeit alle über uns ergehen lassen, und da Vincent sich zu der Auffassung durchgerungen hat, dies zeige nur, um wieviel besser es Peter gehe, machen wir alle gute Miene zum bösen Spiel. Dann wendet Peter sich mir zu: «Suyin, wenn mein Daddy nach Indien kommt, um nach mir zu sehen, was tust du dann?»

«Dann arbeite ich, Peter.»

Peter gluckst in sich hinein. «Ich weiß, du haßt es, allein zu sein, ich weiß...»

Gemeinsam ergehen wir uns in der herrlichen Dämmerung von Bangalur. Das Licht ist zauberhaft, überhaucht jede Baumrinde mit Gold und jeden Stein mit einem rubinfarbenen Schimmer. Ein indischer Sonnenuntergang, magische Pracht: Blutrot und Gold verwandeln sich in Violett und Blau, während wir in der eleganten Wohngegend mit den gepflegten Gärten und den neuen Häusern dahinschlendern. Jedes Haus ist von einer niedrigen Mauer eingefaßt; eiserne Tore geben den Weg frei zu Garten und Garage, denn hier besitzt fast jeder ein Auto. Hinter jedem Tor Hunde, viele deutsche Schäferhunde. Peter tritt an die Tore heran und bellt die Hunde an. Ich zerre ihn fort. «Tu das nicht, die springen hoch und beißen dir die Nase ab.»

«Aber sie mögen mich», sagt er und erklärt mir, wie sehr er diese teuren Häuser haßt. «Das sind goldene Käfige», sagt er.

«Aber du lebst hier doch auch», sage ich, woraufhin er, wieder völlig durcheinander, davongeht.

Gleich hinter der *residential colony*, wie dies Viertel genannt wird, liegt ein Slum. Hinter jedem Luxushotel, hinter jedem eleganten Wohnblock liegt ein Slum. Weit sich ausbreitendes Schlammgelände, Hütten, die aus allem Abfall zusammengebaut sind, der sich finden läßt. In der Mitte ein Bereich mit verkohlten Resten. Die «Slumbeseitigung», die übliche «Operation aus sanitären Gründen» hat begonnen, bei der die Polizei die Hütten einfach in Brand steckt. Hier leben vielleicht vierzigtausend Menschen und ernähren sich von dem Abfall aus den Häusern der Reichen. Riechen kann man einen solchen Slum bereits aus hundert Metern Entfernung. Man riecht ihn immer. Schweiß und Urin und alle möglichen anderen Gerüche, die sich zu einem einzigen Pesthauch vereinigen. Peter weicht zurück, weicht aus. «Ich möchte ... ich möchte etwas tun ...» Er schüttelt den Kopf. Vielleicht weiß er, daß er nie mehr etwas «tun» wird.

«Nun, Peter, geht es wesentlich besser», erklärt Vincent an diesem Abend. In meinem Zimmer auf dem Bett liegt der herrliche *Ponadai*, ein wundervoller, reich mit Goldfäden durchwirkter, scharlachroter Seidenschal. Die Fäden bestehen aus echtem Gold. Einst hat der Schal Appa gehört. Er war ihm vom Staat Tamil Nadu geschenkt worden, als ihm von der indischen Regierung eine hohe Ehrung zuteil wurde. In diesem Jahr – 1985 – haben wir seines hundertsten Geburtstags gedacht; die Stadt Madras will eine Straße nach ihm benennen.

Die versammelte Familie schenkte mir den *Ponadai*, und überreicht wurde er mir von Theresa, Appas ältester Tochter. Ich betrachte ihn und denke, wie wenig ich getan habe, ihn zu verdienen; die Last der Verpflichtung bedrückt mich. Gleichzeitig habe ich das Gefühl, daß der *Ponadai* mich innerhalb der Familie beschützt. Und Vincent erklärt: «Jetzt, wo es Peter soviel besser geht, werde ich nicht mehr so häufig bei ihm sein müssen ...» Vielleicht. Vielleicht wird es so sein; vielleicht wird Peter ja in zwei, drei Jahren überhaupt vollständig wiederhergestellt sein.

«Ja», sage ich, «Ja.» Aber mir fehlt Patricks Glauben, Vincents Glauben. Ich werde weitermachen, mit schwankendem Glauben. Ich bin die Schwiegertochter einer indischen Familie und daher gehalten teilzunehmen und meinen Teil beizutragen. Soviel beizutragen, wie es mir möglich ist. Diese Teilhabe an der Liebe, an der Güte und dem Bemühen ist es, was uns alle bereichert und was auch mich bereichert. Ich möchte sagen, wie dankbar ich für all das bin, was ich mit und durch

Peter gelernt habe. Durch ihn weiß ich, daß sich das, was jeder von uns ist, durch ein zufälliges Zusammentreffen von Umständen so entwickelt hat und daß ein jeder von uns alles mögliche andere sein könnte. Was immer wir sind, sind wir durch die Auseinandersetzung mit anderen; innerer Zusammenhalt erwächst uns dadurch, daß wir jene anderen, abgedrängten Wesen in uns unterdrücken, zu denen wir auch hätten werden können.

Denn was ist Normalität? Um mich herum erlebe ich viele Menschen, die durch Hemmungen in ihrer Handlungsfreiheit eingeschränkt sind, und zwar weit mehr als Peter. Manchmal, besonders dann, wenn er uns mit seinen feinen Nadelstichen reizt und uns ohne jedes Arg lachend mit etwas Unangenehmem konfrontiert, so daß wir uns innerlich winden, weil es etwas ist, das wir niemals aussprechen würden, weil irgend etwas in uns sagt, es sei besser, darüber zu schweigen, habe ich das Gefühl, daß er uns einen großen Dienst erweist, indem er uns bewußt macht, wie zerbrechlich unser Ego im Grunde ist, wie sehr wir bisweilen darauf angewiesen sind, uns selbst etwas vorzumachen, weil es uns sonst unmöglich wäre, weiter wir selbst zu sein.

Was ist normal? In New York oder Paris können wir jederzeit Wahnsinnigen begegnen – Menschen, die morden, die Drogen nehmen. In jeder Gesellschaft lauert heutzutage bei vielen dicht unter der obersten Hautschicht der Wahn. Bei manchen Fernsehprogrammen sträuben sich mir die Haare vor Entsetzen. In vielen wird Wahnsinn, Schrecken und Gemeinheit – und auch sie ist eine Form des Wahnsinns – mit soviel salbungsvoller Überzeugung und soviel Nachdruck verbreitet, daß wir uns hinterher selber besudelt und entwürdigt vorkommen.

Je mehr wir mit steigenden Zahlen von Geisteskranken oder geistig Behinderten konfrontiert werden, desto mehr werden wir mit scheinbaren Erklärungen und Aufzählungen all der Möglichkeiten überschwemmt, durch die unser Geist und unser Gemüt zu Schaden kommen können: Entfremdung, Zorn, Erfolgszwang, Paranoia, Schizophrenie, Depression. Wir müssen uns fragen, ob die Diskriminierung und Absonderung von stark gestörten Menschen diese nicht noch mehr in die Isolation treibt, ob dies die richtige Art und Weise ist, mit «abnormem Verhalten» umzugehen, zumal so viele von uns jederzeit in «anormales Verhalten» abrutschen können.

Vielleicht sollten wir, wie manche Leute in Indien, überlegen, ob nicht anormale Menschen «von Gott berührt» und damit seine besonderen Kinder sind. Daß sie nicht nur einfach geboren werden und da sind, sondern zu einem Quell geistiger Tiefe werden können. Wenn wir sie nicht an uns heranlassen, wenn wir sie abschieben, machen wir uns möglicherweise selbst um sehr viel ärmer.

Es kommt mir vor, als ob der Computer und der Roboter und ihre programmierten, barrierenerrichtenden Schöpfungen ein Ausdruck unserer Sehnsucht nach einer Art schreckenerregender Vollkommenheit sind, die keinen Widerspruch duldet und emotionslos und unsterblich ist.

Und mörderisch.

*

Die Familie sitzt beisammen; man plaudert und spielt Rommé. Plötzlich fängt Peter an zu schreien: «Ich brauche nicht zu arbeiten ...» Er hat sich einen Tisch gekauft und baut ein Flugzeug. Ein Kind von dreiundvierzig Jahren. Aber selbst das wird er aufgeben, denn der Zeitraum, in dem er sich konzentrieren kann, ist immer noch sehr kurz. Ich aber weiß von sogenannten «normalen» Menschen, deren Konzentrationsspanne womöglich noch kürzer ist als die Peters und die in irgendwelchen Büros beschäftigt werden. Weiß von einer Vielzahl junger Leute, die von einer Stellung in die andere überwechseln und hier und da einen Posten bekleiden. Vielleicht, weil sie sich schon am hellichten Vormittag mit Marihuana «vollgeknallt» haben und den ganzen Tag über «bekifft» sind.

«Komm schon, Peter. Du hattest doch schon vorige Woche versprochen, dies Flugzeug fertigzubauen ...»

«Ich werde es morgen fertigbauen.»

Morgen. Immerhin sagt er «morgen». Patrick meint: «Er langweilt sich ... er ist enttäuscht von seiner letzten Reise nach Bangalur... Wenn er etwas zu tun hätte, würde er sich nicht so langweilen.»

Wie aber sollen wir Peter bewegen, irgend etwas *zu tun*, wo er doch nicht der Mensch ist, sich selbst zu beschäftigen, sich selbst Arbeit zu beschaffen? Denn das Wesen des Nicht-gelangweilt-Seins, ob nun durch Arbeit oder ohne erreicht, besteht darin, innerhalb eines Rahmens aus Gewohnheit und Routine etwas Neues, etwas Überraschendes, etwas Originelles zu schaffen. Sein Psychiater, sein Arzt, sein Vater – alle drängen Peter, sich «etwas zu tun zu suchen». Aber wie soll er «arbeiten» – in einer Gesellschaft, in der es Dienstboten gibt und in der alles für ihn getan wird? Könnte ich ihm doch bloß die Aufgabe stellen, jedes Buch einzeln abzustauben, wie er es einmal bei mir getan hat. Vielleicht wäre das die beste Möglichkeit, seinen Geist zu entkrampfen, eine Beziehung herzustellen zwischen Körper und Geist. Ich würde es gern sehen, wenn er mir bei der Hausarbeit hülfe, zumindest einmal eines seiner eigenen Hemden wüsche. Aber in Indien, in der Familie, ist dies undenkbar. Es gibt schließlich Waschmänner.

«Eines Tages werde ich ein großer Mann sein . . . Ich werde der Größte sein.»

Peter hat immer noch große Angst, zu versagen. Immerhin kommt er mehr und mehr dahinter, daß das Bangalur seiner Träume verblaßt, bereits verblaßt ist, nicht mehr existiert. Alle seine Freunde sind Männer in den Vierzigern oder Fünfzigern, haben Frauen, Kinder, manchmal sogar Enkelkinder. Und die Mädchen, die er kannte, sind alle längst verheiratet.

Peter kann keine Frau, kann keine Kinder haben. Man hat ihn zurückgelassen.

Ich werde hinausgehen mit ihm, nur wir beide allein, ins Museum, in den Park. Wir werden uns unterhalten.

Ich bin Schwiegertochter in einer indischen Familie; ich habe meinen Anteil an der Liebe, meinen Anteil an der Verantwortung.

Und mit dieser Teilhabe an der Liebe bin ich gesegnet; denn Vincent wäre nicht der Mann, der er ist, würde er mich nicht gelegentlich – o nein: oft um seines Sohnes willen verlassen, der ihn braucht. Und ich wäre nicht die Frau, die ich bin, würde ich mich um all der Liebe willen, die er mir geschenkt hat, nicht damit abfinden, bisweilen sehr allein zu sein.

*

Han Suyin

BIS DER TAG ERWACHT

Roman

Deutsch von Werner Peterich

768 Seiten. Gebunden

«Eine leidenschaftliche Liebesromanze, eingebaut in zeitgeschichtliches Geschehen, bildet den Rahmen dieser Geschichte. Sie spielt in China in der Zeit zwischen dem Ende des japanisch-chinesischen Krieges und dem Pekingbesuch Henry Kissingers. Die Protagonisten: eine junge Amerikanerin, Tochter eines texanischen Millionärs, als Reporterin in China, und ein chinesischer Arzt, Sohn einer alten Bankiersfamilie aus Schanghai.
Fesselnd vermag das Buch, in sauberer Übersetzung, durch die Verbindung von Fiction und Geschichten über die revolutionäre Entwicklung in China auch jene zu unterrichten, die eine trockene historische Abhandlung ablehnen würden. Für die Authentizität der historischen Schilderung bürgt die Person der Autorin, die den Großteil ihres Lebens in China verbracht hat und die, ungeachtet ihres Engagements für ihr Geburtsland und ihrer großen Liebe zu ihm, unverhüllt auch die Schatten der Vergangenheit aufdeckt.»

Ludwig Marton, Die Presse, Wien

Han Suyin

DIE ZAUBERSTADT

Roman

Deutsch von Hermann Stiehl

416 Seiten. Gebunden

«Han Suyin, die sich in Asien sehr gut auskennt, hat die geschichtlichen Ereignisse in der Mitte des 18. Jahrhunderts sorgfältig studiert, bevor sie ihren neuen Roman ‹Die Zauberstadt› schrieb. Die Ausdruckskraft der Autorin ist so stark, daß Bilder vergangener Zeiten lebendig werden. Eine lohnende Lektüre.» *Braunschweiger Zeitung*

Han Suyin

ALLE HERRLICHKEIT AUF ERDEN

Roman

Deutsch von Isabella Nadolny

416 Seiten. Gebunden

«Falls Erfolgsbeständigkeit ein Zeichen für Qualität ist, kann *Alle Herrlichkeit auf Erden* als Meisterwerk gelten. . . . Hongkong: eine junge chinesische Ärztin und ein englischer Kriegsreporter, deren Affäre auf gesellschaftliche Vorurteile stößt. Kurzes Liebesglück, denn bald muß er nach Korea, wo der Tod auf ihn wartet. Eine rührende Liebesgeschichte mit zeitpolitischem Hintergrund und einem Hauch von Exotik, die auch heute wieder viele Leser bezaubern wird.» *Helmut Kossodo, Bücherpick*